自分から勉強する子の親がしていること

1000人の「勉強ぎらい」が
こんなに変わった！

大塚隆司
otsuka takashi

さくら舎

はじめに　子どもが勉強好きになり、成績がぐんぐん伸びる

なんで親に言われなきゃ勉強しないんだろう。
どうしてあげたらやる気を出してくれるのかなぁ。
ちゃんと勉強している子の家と、なにが違うのかな。

こんな思いに駆《か》られながらも、目の前で宿題もせずにダラダラとゲームばかりしているわが子には、ついいこう言ってしまいませんか。

「いつまでやってんの?! 早く宿題終わらせちゃいなさい！」

口を出さなくてもいいのなら黙って見ていたいところですが、言わなきゃいつまでも続きそうに見えるし、実際に続いてしまいます。

もし、**言わなくても本当に自分から進んで勉強してくれて、成績も伸びれば、毎日がずいぶん気楽になり、怒らないお母さん、お父さんになれるはず**です。

この本では、子どもが自分から勉強するようになる方法をご紹介し、あなたの日々の子育てがもっと楽しくなり、おおらかに子どもの成長をサポートできるようになるためのコツをお伝えします。

それを実践していただくことで、お子さんの勉強へ対する姿勢にこんな変化があらわれてくるはずです。

日課のように宿題をして、テスト前には授業の復習をして準備するようになる。
新しい漢字を習ったら、言われなくても練習して覚えるようになる。
算数でわからない問題があったら、授業後に先生に聞いて解決できるようになる。
自信がつき、成績をぐんぐん伸ばすようになる。

にわかには信じられないかもしれませんが、どんな勉強ぎらいっ子でも、本当にやる気を出しはじめます。

これは、1000人以上の子どもやご家庭の様子を見てきた私の経験から断言できることなのです。

今まで数え切れないほど、勉強ぎらいな子のご家庭、言われなくても勉強する子のご家庭、両方の家にうかがってきました。

そして、両者の違いは、親御さんの関わり方にヒントがあることを見つけました。

自分から勉強する子の親は、子どもが勉強を好きになるような声かけ、勉強をやりたくなるような接し方をしているのです。

子どもが安心して勉強に取り組めるように、さまざまな対応をしている姿を観て、私自身も教え子をサポートするうえで参考にさせていただいてきました。

そして、子どもが学ぶことの楽しさ、おもしろさを知ることができる方法を考案することができたのです。

勉強ぎらいになってしまった子には、そうなった原因があります。

同じような間違いを何回もくり返す子どもに、「何度言ったらわかるの?! いい加減に覚えなさい！」と言ってしまえば、子どもは萎縮《いしゅく》し、逆効果になります。

しかし、子どもが安心して次の問題に取り組むための、あなたにしかできない声かけがちゃんと存在します。あなたのひと言で、徐々に間違いも減っていくのです。

宿題もせずにダラダラとゲームばかりして、注意しても「うるさいなぁ」と言い返すだけでやらなかった子が、あなたの言葉や接し方で宿題を自分から済ませてくれるようになります。

講演会などでこうお伝えすると、多くの親御さんから「そんなにうまくいくわけない」、「子育てはそんなきれい事では済まない」と言われてきました。

もちろん、一度言っただけで魔法のように変わる、というものではありません。子どもも人間ですからね。

私も、たくさん失敗し、嫌な思いをしながら、子どもたちをサポートしてきました。そんな失敗と成功のくり返しのなかで、ひとつひとつは些細《ささい》なことでも、その小さなことの積み重ねで子どもはかならず変わってくる、と断言できるようになったのです。

ローマ字がきらいでどれだけ言っても練習しなかった男の子が、自分で50音の表を作り、トイレやリビングに貼って覚えるようになったり。

算数ぎらいで分数計算がわからなかった女の子が「私、クラスで一番できるようになる！」と宣言してドリルをはじめたり。

国語がきらいで文章問題を読まずに解いていた男の子が、文章を読むようになって、「国語は答えが文のなかに書いてあるんだよ！」と教えてくれたり。

社会科に興味を持てずに歴史も地理もサッパリ覚えられなかった子が、カラフルな色ペンを使い、まとめのノートを自分で作るようになったり。

誰に言われなくてもみんな〝自分から〟やるようになるのです。

続ければ、遅くても3カ月後には変化があらわれます。

というのも、私が実際に関わってきて、もっとも長くかかる子でも3カ月後には変わりはじめたからです。

いくらなんでも、この子は無理なんじゃないか、と思った子が3カ月後には勉強するようになったのです。

ですから、遅くても3カ月で違いはあらわれます。

(って、なんだかダイエットの宣伝文句みたいですね　笑)

「子どもが自分から勉強してくれるだけで、こんなに気持ちが楽になるなんて」

これは小学4年生の子のお母さんの言葉です。

勉強ぎらいな子を持つお母さんの力に少しでもなりたい――。

そんな思いからこの本を書きました。

この本をきっかけにして、あなたのお子さんが勉強好きになり、自分から勉強するようになって、今よりもっと親子が仲良くなれたら、とってもうれしいです。

自分から勉強する子の親がしていること　もくじ

第2章 勉強が好きになるための成功体験の作り方

第3章

自分から勉強する子になれば、成績はかならず上がる

自分から勉強する子の親がしていること

※本書でご紹介しているお話はすべて実話ですが、登場人物の氏名、学年、性別等の情報は、プライバシー保護のため架空のものを使用しております。ご了承ください。

第1章

まずは「一緒に勉強する」ここからはじめる

隣に座るだけで
どうして成績が上がるの？

「東大に行く子は、子どものころ、リビングで勉強していた」

「子ども部屋で勉強するより、リビングで勉強したほうが成績は上がる」

このようなお話が一時期話題になったせいもあり、今はリビングで勉強させているご家庭が多いようです。

なぜリビングで勉強すると成績が上がるのか、ということをよくよく調べてみると、勉強の場所が生み出す効果というよりは、親子の心理的な要因による効果が大きかったようです。

- **親が近くにいるので子どもは安心して勉強できる**
- **子どもが勉強している姿を見ることで親が安心する**

親子がともに安心して勉強に取り組めることによって生まれたいい効果です。

子どもからすれば、

- **わからないところはすぐに聞ける**
- **できたらすぐにほめてもらえる**
- **勉強が嫌になったときに声をかける相手（親）がいる**

こういったことも リビングで勉強することの利点です。

また、小さな子どもの多くは「お母さんにほめてもらえるから」という理由で勉強します。

両親が近くにいるリビングで勉強したほうが、すぐにほめてもらいやすいのです。

親御さんからしてみれば「勉強は自分のためにするものだ」と認識されているかもしれませんが、自分のために勉強するようになるのは思春期以降、早くても小学4年生より上の学年です。

それまでは親にほめてもらえるから、もしくは、先生にほめてもらいたいから勉強するのです。

そう考えると、子どもを勉強好きにするための方法がひとつ見えてきます。

この本では、子どもを勉強好きにするためのいろいろな方法をご紹介していきますが、もっとも簡単で効果がある方法は、**お子さんの隣に座って一緒に勉強すること**です。

大好きな親が隣にいて、やったそばから「よくできたね」、「がんばったね」とほめてもらえたら、子どもにとってこんなにうれしいことはありません。

先に書いたように、リビングで勉強することの一番の利点は「安心」。

小さな子にとって親は安心安全の象徴のようなもの。

子どもにとっては親がいれば安心、親がいれば安全。

安心して勉強に取り組めるようにするためには、隣にいてもらえる以上のことはありません。

なにもしなくても、親が隣に座ってニコニコしているだけで、子どもにとってはずいぶんと心強いでしょう。


でも、もしかすると、「忙しくて、一緒にやってあげられないわぁ」、「ずーっと隣で座っているなんてムリムリ！」と思われる方もいらっしゃるでしょう。

そういう場合は、〝**はじまりと終わり**〟だけでもかまいません。

「じゃあ、一緒に勉強しようか」と言ってお子さんの隣に座り、勉強しはじめてからある程度自分で進められるようになってきたら、「ちょっとお母さん、晩ごはんの準備をしてくるからキッチンにいるね。なにか聞きたいことがあったらいつでも呼んでね」そう言って席を離れます。

お子さんから「ここわかんない」、「教えて！」と言われたら、ふたたび隣に座って教えてもらいたいですが、基本的に離れていてもかまいません。

そして、勉強が終わったときもう一度隣に座り、「よくがんばったね」、「そうやってがんばって勉強しているところを見ているとうれしくなるよ」とねぎらう言葉をかけてあげます。

〝はじまりと終わり〟に隣に座るだけでも、子どもの安心感はグッと上がります。

これは心理学では初頭《しょとう》効果と新近《しんきん》効果と言われます。

初頭効果は、物事の最初が人の印象に残りやすい現象のことで、新近効果は、最後の物事が人の印象に残りやすい現象のことです。

この両方の効果をいかして、勉強の〝はじまりと終わり〟だけでも隣に座っていたら、子どもはお母さんが隣に座って一緒に勉強した、という印象を持ってくれるのです。

そうすると、リビングでただ勉強するだけよりも、安心感が増し、リラックスできるので、勉強の効果が上がります。

そして、子どもは安心安全が確保されれば、次の一歩をふみ出します。

親と一緒の勉強ではもの足りず、ひとりで勉強したくなるのです。

最初はリビングで勉強していた子も、学年が上がるにつれて徐々に自分の部屋で勉強しはじめます。

子どもに理由を聞いてみると、「自分の部屋のほうが集中できるから」、「自分の机のほうが教科書もあるし、わかんないとき調べられるでしょ」といった言葉が返ってきます。

子どもは、親と一緒に勉強できる安全安心の場所があれば、少しずつひとりで勉強するようになり、親から自立して、自分だけの勉強場所を持つようになります。

そのためには、まずはお子さんの隣に座り、安心して勉強ができる環境を作ってあげることが第一歩なのです。

子どもと勉強するときに一番大切なこと

子どもと勉強するときに一番大切なこと。

それは、**楽しく勉強すること、勉強っておもしろい、と思ってもらうこと**です。

私も子どもに勉強を教えるときは、なによりも一番にこのことを考えています。

特に、勉強しはじめの小学校低学年の子を教えるときには、なおさら強く意識します。

親御さんと話をしていると、「子どもに学力をつけさせるのは親の役目です」、「子どもにいい学歴を持たせたいと親が思うのは当然でしょう」と、おっしゃる方がいます。

その気持ちはわかりますが、勉強ができるようになること、学力をつけること自体を目的にしてしまうと、勉強がつらく苦しいものになってしまいかねません。

往々にして、子どもの勉強は私たち大人が思っているようには進まないもの。

もちろんなかには、私たちが思った以上のスピードで進んだり、次々にできるようになったりして驚かされることもありますが、全体から見れば少数派です。

多くの子は、同じ間違いを何回もくり返したり、せっかく覚えたところをすぐに忘れたり、何度教えてもできるようにならなかったりするのが一般的です。

そんなとき、問題が解けることや学力を目的にしてしまうと、できないことや覚えられないことを責めてしまいがちです。

「何回やったら覚えられるの」、「何度同じ間違いをすれば気が済むの?!」と大きな声をあげて怒ったり、子どもを責めたり。

それでもうまくいかないと「こんなにやっているのに、どうしてできないの……」と落胆したりします。

当たり前ですが、子どもだってわざと間違えているわけではありませんし、忘れようと思って忘れているわけでもありません。子どもなりに一生懸命やっているけれども間違えちゃうし、忘れちゃうのです。

それを責めたり指摘したりしてもしようがありません。

大きな声を出したところでできるようにはなりませんし、こちらが落胆したところで忘れたものを思い出すことはありません。

ときどき、「でも、誰かが指摘しないと、気づかないでしょう?」、「今のうちに注意すれば、自分で意識するようになって間違えなくなりますから」という意見に出会います。

確かに、そういった面はありますが、長い目で見ると効果的ではないように感じます。

たとえば、計算ミスです。

計算ミスは注意されて直るものではないと、私は思っています。

ほとんどの子は、自分が計算ミスをしてしまうことはわかっています。わかっているけれどもやってしまうのが計算ミスです。

そうした計算ミスを減らすためには、子どもに対し、注意や指摘をして〝頭〟で理解させて意識をうながすより、くり返し演習するなかで、〝体〟に正しい理解、正しい言葉を覚えさせるほうがうまくいきます。

わかっているけれどもやってしまうのが計算ミスなので、頭で理解させてもあまり効果はないからです。

それどころか、自分でも気にしていることを指摘されて、さらに勉強することが嫌になってしまうことも多いのです。勉強が嫌になってしまうと、くり返し演習することが難しくなってしまいます。

ミスをして怒られるのが嫌なので、前もって答えを盗み見る子、「見ないで！」と言って問題を解くところをこちらに見せようとしない子もいます。

ついには、そもそも問題を解かなくなるなど、さまざまな拒否反応を見せるようになります。

こうした傾向があらわれたら危険信号です。

勉強ぎらいになりかけている可能性があります。このまま続けてしまうと、勉強そのものがきらいになってしまい、ミスがなくなる以前に、机に向かわなくなることも予想できます。これでは本末転倒です。

計算ミスをなくすためには、演習量を増やすこと。体で覚えることが必要です。

そのためには注意や指摘をするのではなくて、楽しく勉強し、おもしろいと思うことで「もうちょっとやってみよう」という気持ちを子どもの心に起こすのです。

楽しく、おもしろく勉強を続けているうちに、いつの間にか計算ミスがなくなっていきます。

楽しく勉強して、おもしろいと感じるためには、テストの点数を上げることのみを目的にしないようにしましょう。

できなくてもオッケー。

わからなくてもオッケー。

忘れてもオッケー。

間違えてもオッケー。

あなたのこういった姿勢がなによりも大切です。

問題ができなくても怒りません。

こちらの説明を理解してくれなくても、イライラをぶつけたりしません。

前にやったことを忘れてしまっても「忘れることもあるよね～」と意に介しません。

つまらないケアレスミスをしても「ミスは勉強していくうちに減っていくから大丈夫だよ」と気にしません。

そんなことよりも、楽しく勉強することのほうがずっと大切だからです。

ときどき、問題を間違えると「ごめんなさい」と謝る子がいます。

間違えることは悪いことだ、と思っているのかもしれませんし、今までの経験で間違えたときに怒られることが多かったのかもしれません。

どちらにせよ、そのままではよくありません。

子どもに、間違えてもいいんだ、ということをわかってもらいたいので、私はいろいろな言葉で安心感を与えます。

「間違えるってことは、わからない問題に挑戦したってことだから、実はいいことなんだよ」

「今のうちに間違えておけばテストのときに間違えなくて済むから、いっぱい間違えたらいいよ」

「誰だって正解することもあれば、間違えることもある。気にしなくていいよ」

こういった気持ちは、一度言っただけですぐ子どもに伝わるものではありませんが、何度も話すうちに少しずつ、間違えることに対する考え方が変わっていきます。

間違えちゃいけない、間違えたら怒られる、という緊張した環境のなかでは、ビクビクしながら勉強しなければいけません。それでは楽しく勉強したり、勉強をおもしろいと感じたりすることなどできません。

安心して間違えられる環境だから、安心して勉強ができるわけです。

安心して勉強ができるからこそ、楽しんで勉強ができるのです。

楽しく勉強するには?

前節では勉強ができるようになるにはくり返しの学習が必要だと述べました。

なかには一度説明しただけで理解できる子や、1回解いただけでできるようになる子もいますが、そういった子は極々少数です。

ほとんどの子は理解できるまで、解けるようになるまで何回もくり返さなければいけません。

そうした子にくり返しの学習をしてもらうためには、**勉強に対するネガティブな感情を少しでもポジティブに変える**必要があります。

1回やってみて楽しければ、「もう一度やってみてもいいかな」と思ってもらえるかもしれません。

「もう一度」、「もうちょっと」と続けていくうちにくり返し学習できるようになり、いつの間にか成績も伸びていくのです。

子どもは楽しければやってくれます。おもしろければくり返し続けてくれます。

では、一緒に楽しく勉強し、おもしろいと感じるために、具体的にどうやって勉強を教えていくといいのかをいくつかご紹介します。

最初にお伝えすることは非常に当たり前のことなのですが、まずなによりも**親であるあなたが楽しむこと**が大切です。勉強を教えている自分自身が、一緒にやることを楽しめているかどうか？

自分から勉強する子のお母さんを観ていると、一緒に勉強することを本当に楽しめているのがよくわかります。

自分自身が楽しんでいないのに、子どもだけ楽しませようなんて、そんな虫のいい話はありません。自分が楽しんで教えるから、子どもにもそれが伝染して楽しくなっていくのです。

お母さんが「勉強を教えるっておもしろいなぁ～」と思っていれば、子どもも勉強をおもしろいと感じるのです。

今から楽しく勉強する方法をご紹介しますが、ここでご紹介することは、子どもを教えてきたなかで私自身が楽しめたことです。

どうやって教えたら私自身が楽しめるか、なにをしたらもっと私自身がおもしろく教えられるか。

あくまで基準は私が感じること、私が考えることなので、もしかするとこの本を読んでいるあなたとは違うかもしれません。

私の例を参考にしながら、あなた自身の勉強を楽しむ方法を見つけてもらえたら幸いです。

＊子どもの話を聞く

私にとって授業時間は勉強を教える時間でありますが、同時に子どもとコミュニケーションを取るための時間でもあります。

私は基本的に授業時間内しか子どもと関わることができませんから、この時間内に子どもといっぱい話がしたいのです。

学校であった出来事や、友達とのやり取り、親との話、趣味やゲームやテレビのこと。子どもの話を聞くのはとても楽しいです。

そう思って聞いていると、子どもも同じように私と話をするのを楽しみに待っていてくれたりします。

私が家庭教師をしている子のなかには、授業時間の半分をおしゃべりに使う子もいます。

「ねぇ、先生！　聞いて！」、「先生、どう思う？」そんな言葉で授業がはじまり、話を聞いているといつまでたっても終わらずに、おしゃべりだけで授業が終わってしまうときだってあります。

「そんなんで成績が上がるんですか？」と疑問を持たれるかもしれません。不安に思われるかもしれませんが、実際にどの子も成績は上がっていきます。

彼らのお母さんも「不思議ですね〜」と首をかしげますが、漢検や英検などの検定試験、中学校受験に合格しています。

当初考えていた第一志望よりも上のランクになる学校を受験して、合格した子もいました。

この結果は、私としてはなんの不思議もありません。私との授業は半分しか勉強しませんが、勉強を楽しいと感じるようになってくれれば、その他の時間で自分から勉強してくれるからです。

人は誰でも自分の話をちゃんと聞いてもらえることを望みます。自分の話を聞いてもらえることにマイナスの気持ちを持つ子はいません。

マイナスの気持ちを持つのは、子どもが話したくもないことを無理に聞き出そうとしたり、反対に話を途中で遮《さえぎ》ったり、子どもの話を間違って解釈したり、評価したりするからです。

子どもによってはたくさん話をする子もいますし、少ししか話さない子もいます。

普段はよく話す子でも、今は話したくないというときもあります。

ですが、どんな子でも自分の話を邪魔されず、誤解されずにきちんと聞いてもらえることはうれしいですし、大切だと感じてくれます。

お母さんと一緒に勉強することを楽しく、有意義な時間だと感じられるようになれば、「勉強って楽しい、勉強っておもしろい」と学ぶことに対する印象が変わってきます。

✽らくがきをする

私はよくらくがきをします。ノートにも教科書にもテキストにも。

そして、子どもにもらくがきをすすめています。

絵を描くことが極端に苦手な子、きらいな子に無理に描かせることはしませんが、絵やイラストの得意な子、好きな子にはいっぱいらくがきをするように言います。

下手でも上手でもらくがきをすることは楽しいです。

うまく描こうとすると純粋に楽しめませんが、ただのらくがきなら上手下手は関係ありません。

ノートや教科書などの勉強道具にらくがきをすることは、ちょっと悪いことをしているようなドキドキ感もあって、子どもが悪ノリすることも多いです。

ただのらくがきができるようになったら、次に役に立つらくがきをするようにしていきます。

ノートに書いてある重要なポイント、覚えなければいけない語句、注意しておきたいところなどに、目に留まるようならくがきをします。

ノートにらくがきをするときのポイントはひとつ。

それは、ノートを開きたくなるようならくがきをすること。

がつ　にち
31
かくすう　よみかた
竹
★かきじゅん　なぞりながら　おぼえましょう。
●かんじや　ことばを　れんしゅうしましょう。
犬
のマークは　まちがえやすい　かんじです。
(1教上) 32

通常、ノートは勉強するために使うものです。復習をするため、テスト勉強のために開くもの。

そうすると、先に書いたように、覚えなければいけない、解けるようにならなければいけない、という勉強になってしまいます。

それではノートを開けることに楽しさやおもしろさを感じることは難しいです。

私が望む勉強法は、「楽しくて何回もやっているうちに覚えちゃった」というものです。

らくがきをすることでノートを開くのが楽しみになり、わくわくウキウキするのが理想です。

親子でこんならくがきを一緒にするだけでも、勉強時間が楽しくなってくると思いませんか。

今まで真面目《まじめ》一辺倒《いっぺんとう》だった勉強も、らくがきタイムを作ることで雰囲気が一変して、ぐっと楽しくなるのです。

（らくがきノートは長山智予《ながやまともよ》さん、侑正《ゆうせい》くん、嘉花《よしか》ちゃん、清香《きよか》ちゃんにご協力いただきました）

「勉強なんてきらい」と言われたら

「勉強なんてきらい！」と子どもに言われたら、あなたはなんと声かけしますか。

こういった状況での親の対応は、大きく分けると次の３つに分類されると思います。

「なんできらいなの？」と理由を聞く。

「勉強なんてそんなもんだよ。好きな人なんていないよ」と諭《さと》す。

「私も（俺も）そうだったよ」と共感する。

どれもよくありがちな声かけですが、このように言われたあと、子どもがどのように感じるのかを考えてみましょう。

✲「なんできらいなの？」と理由を聞く

当然ですが、こう問われた子どもはきらいな理由を答えます。

「面倒くさいし」

「わかんないし」

「こんなの将来使わないし」

「やんないと怒られるし」

「やっても文句言われるし」

「遊ぶ時間がなくなるもん」…etc.

私にも経験がありますが、勉強がきらいな理由を子どもにたずねれば、彼らはいくらでもきらいな理由を挙げてきます。

何年も前に言われた言葉や出来事を持ち出してきて、延々と「なぜ勉強がきらいになったか」を熱弁する子もいます。

こうしたきらいな理由を並べれば並べるほど、勉強の悪い面ばかりが目についてしまい、より勉強ぎらいになってしまいます。人の悪口を言えば言うほど、より悪いところが目についてきらいになっていくのと同じです。

たとえ勉強がきらいだとしても、悪いところよりもいいところを見るようにしていたほうが無難《ぶなん》です。

とうに忘れていた勉強に関する嫌な思い出を呼び起こしてしまうのは、決して得策ではありません。

また、ときどき、きらいな理由を言った子どもに、「なに言ってんの！　そんなこと言ってもやらなきゃしようがないんだから！」、「あなたがちゃんとやらないからいけないんでしょ！」と、怒ったりする光景を見かけます。

大人が「理由を言え」と言うから言ったのに、それがきっかけで怒られたら子どもの立つ瀬がありません。だから、もし理由を聞いたのなら、最後まで怒らずに聞いてあげてくださいね。

＊「勉強なんてそんなもんだよ。好きな人なんていないよ」と諭す

これは子どもの気持ちを受け取るという意味ではいいのですが、これでは「勉強はきらいで当たり前」という悪い価値観を認めてしまうことになります。

親ならば、できれば子どもには勉強好きになってほしいと思っているはずです。みんな嫌っているのだから、わが子もきらいになっていいとは思っていないでしょう。

きっとこの「勉強なんてそんなもんだよ。好きな人なんていないよ」という言葉の裏には、「あなたには本当は好きになってもらいたい」という本音が隠されているのではないでしょうか。

そうならば、この悪い価値観は作らないほうがいいですね。私も実際の場面でこの言葉は使いません。

これも人に置きかえて考えたらわかりやすいですね。

子どもが「私、○○さんなんてきらい！」と言ったとき、「○○さんなんてそんなもんだよ。○○さんを好きな人なんていないよ」などとは言いませんね。誰とでも分け隔てなく接してほしい、と思っているのならなおさらです。

「ふ〜ん、私は好きだよ、○○さんのこと」と答えたいところではありませんか。

勉強に関しても、「**そっか。私は結構好きだけどな、勉強**」と答えたほうがいいのではないでしょうか。

✽「私も（俺も）そうだったよ」と共感する

この受け応えがもっとも理想的でしょう。

子どもも気持ちをわかってもらえて安心するでしょうし、勉強に対する悪い価値観を作らずに済みます。

ただ、こう言われただけではやはり「勉強がきらい」という気持ちは変わりません。話をする前よりも少しでもプラスな印象を与えるために、この言葉のあとになにをどうつなげるかが大切だと思っています。

「**私もそうだったよ**」と答えたあと、「**でも、今は好きだよ。勉強するの**」とつなげ

てもらいたいのです。

そしてぜひ、**「〇〇（お子さんのお名前）は、きらいなのによくがんばっているね」とねぎらう言葉をかけてあげてください。**

いろいろなご家庭を観ていると、自分から勉強する子のお母さんは、子どもをねぎらうのが非常に上手なのがわかります。

実際に勉強をがんばっていても、まったくがんばっていなくても、それは関係ありません。

というのも、子どもはみんな、子どもなりにがんばっているからです。

普段、全然勉強していない子でも、「こんなに勉強していなくて大丈夫かなぁ？」なんて悩んでいたりします。

ホントは勉強したほうがいいんだよなぁ、という気持ちとがんばって戦いながら、ゲームで遊んでいるのです（笑）

そんなお子さんの気持ちをくみ取ってあげてください。

勉強しているときは
笑顔でいる

勉強しているときには笑顔でいること。これも私が強く意識していることのひとつです。

子どもはただでさえ、やりたくもない勉強をしています。

勉強させられている、と感じている子もいますし、もっと言うと、勉強してやっている、と思っている子だっています。

そんなときにこちらが眉《まゆ》をつり上げてこわい顔をし、口をへの字に曲げて難しい顔をしていたら、子どもはもっと嫌になってしまいます。

そもそもそんな顔をした大人の近くに寄っていきたいとは思いませんし、ずっとそんな顔をしていたら雰囲気だって悪くなるでしょう。

幼い子どもはお母さんのことが大好きです。その大好きなお母さんが、勉強している隣でこわ～い顔をして座っていたら、きっとつらくなるのではないでしょうか。

勉強が嫌なものとして煙たがられるようになっても仕方がありません。

それとは反対に、勉強している隣でお母さんがニコニコと笑ってうれしそうにしていたらどうでしょうか。きっと子どもにとってうれしい時間になると思いますし、お母さんと一緒に楽しく過ごす貴重な時間になるかもしれません。

そして、そのうれしく貴重な時間を作ってくれる勉強に対し、プラスのイメージを持ってくれます。

と、もっともらしく書いていますが、私自身このようなことはなかなかできないでいました。

むしろ、真剣になればなるほど険しい顔、難しい顔になっていきます。

そのたびに、「こわいよ」と言われたことも一度や二度じゃありません。

「先生、こわいんじゃない、真剣なんだよ」と応えていましたが、私にとっての真剣な顔は、子どもにとってのこわい顔だったようです。


今でもちょっと油断をすると、こわい顔になってしまうことがあります。

入試前やテスト前、なんとしてでもできるようにしなきゃいけない、と熱が入ると笑顔がなくなり、気がつくと眉を寄せた険しい顔。

そういうときは子どもも余裕がなくなり緊張してしまいます。のびのびできず萎縮《いしゅく》してしまって、本来なら解ける問題も解けなくなる。

リラックスしていないのでつまらないミスが多くなり、余計に固くなっていくのがわかります。

勉強、スポーツ、音楽、なにをやるにしても、のびのびリラックスしてやったほうがうまくいくに決まっています。

そもそも、私がこわく険しい顔をしたところで、勉強はできるようになりません。私が大声で怒ったら英単語を確実に覚えられる、それならいくらでも怒鳴ります。こわい顔をして注意すれば解けなかった問題が解けるようになる、ということであれば無理をしてでもこわい顔を作ります。

でも、そうではないのです。

子どもは気持ちを落ち着けてリラックスしたほうがミスをしなくなりますし、笑顔で気持ちよく勉強したほうがずっとはかどります。

その違いがわかるようになってからは、勉強の間は笑顔でいるように意識しています。

勉強時間が楽しみになるちょっとしたコツ

子どもが気持ちよく勉強できるように、なるべく「勉強をやる人やらせる人」という立場の違いを作らないようにしましょう。

子どもに勉強をやらせる、と考えると、どうしても「勉強をやる人（やらされている人）」と「勉強をやらせる人」という立場の違いができてしまいがちです。

この立場の違いは上下関係を作ってしまいますし、子どもが勉強はやらされるものだと捉《とら》えてしまい、主体性や自主性を失ってしまいかねません。

誰だってそうですが、やらされるものはあまり好きにはなれないものです。

子どもを勉強好きにする、という趣旨から考えると、この立場の違いは好ましくありません。

ですから、私は「子どもに勉強をやらせる」という言葉は極力使いませんし、そうは思わないようにしています。

実際には子どもが勉強する量のほうが断然多いのですが、私はなるべく**一緒に勉強しよう**と考えます。

漢字の練習は一緒に漢字を書いて練習しますし、学校からもらった計算プリントの半分を私が解くこともあります。

「右側は任せたよ、左側は先生がやるから」と、ヨーイドンで競争したりします。

「それじゃ、子どもの勉強量が減っちゃうでしょ」と思われるかもしれませんが、勉強が楽しければ子どもは「もっと、もっと」、「もうちょっとやろうよ！」と言ってきます。「こっちもやってみようか」と誘えば、乗ってきてくれます。

結果的に学校でもらった量よりもずっと多くの問題を解いているのです。

私にとって「子どもと一緒に勉強する」というのは、「隣に座って勉強を教える」という意味ではなくて、文字どおり一緒に解いて一緒に覚えて勉強することなのです。

小学4年生の子に勉強を教えていたときは、一緒に漢字れんしゅう帳（薄く書いてある漢字をなぞって練習するテキスト）をやっていたので、私も字をきれいに書くことができるようになりました。

もうひとつ。**問題集にすべてマルがつくようにする**というのも、私がしている工夫です。

全問正解。まったくバツがつかないように教えるのです。

「うちの子はそんなのムリ」という声が聞こえてきそうですが、これはテストの成績の話ではありませんから、教えるときの工夫でできるようになります。

言うまでもありませんが、全問正解、１００点満点は誰だってうれしいものです。ひとつでもバツがあるのと、すべてがマルとでは雲泥《うんでい》の差があります。

答え合わせのとき、シュッシュッとすべてにマルがつけられると、それだけで自信につながるほどうれしく思うのです。

過去に解いたテキストをふり返って見るときでも、すべてマルがついて、バツがひとつもついていないページは見ていて気持ちがいいです。

全問正解にするための工夫はたいしたものではなくて、問題を解いている横で間違えている問題を教えてあげる、ただそれだけです。

「それはやっているけど、うまくいかない」そんなときは声のかけ方にちょっとした工夫をしましょう。

間違いを正したり、指摘したりするのではなくて、「あっ、見つけちゃった」という感じで教えるのです。

「そこ間違っているよ」、「それ、違うんじゃない」と指摘してしまうと、「うっさいなぁ～」、「わかってるよ。いいから黙ってて」と反発されてしまいます。

誰だって一生懸命にやっているところに、横から口を出されるのは嫌なものです。たとえ正しい忠告でも聞きたくなくなってしまいます。

ですから、間違いを指摘するのではなくて、うっかり見つけちゃったという感じで、「あれっ？　それっ？」、「おやおや？」と口に出します。

もちろん笑顔です。

イメージとしては、こっそり隠している宝物を見つけちゃった、戸棚に残しておいたおいしいお菓子を発見！　という感じです。

こちらがそういう気持ちで声をかけたら、子どもも「あらら、見つかっちゃった」という気持ちで「え？　なに？」と聞いてきます。

そうしたら、「ここ、間違ってなぁ～い？」、「そこはこうしたらいいと思うんだけどなぁ～」と伝えると、素直に聞いてくれることが多いのです。

子どもも自分から「なに？」と聞いたことなので、心を開いて聞いてくれます。

間違えそうな問題を直しておけば、答え合わせをするときには見事全問正解になっているというわけです。

そして、テキストを全部やり終えたとき、見返してみると一冊全部がマルになっていて、爽快な気分になれます。

私が普段やっている小さな工夫をいろいろと書いてきました。

いかがでしたでしょうか。

読みながら、勉強することを楽しめそうな気がしてきたらうれしいです。

最初に書いたように、これらのことは私が楽しかったことなので、もしかするとあなたの楽しみ方とは違うかもしれません。

ですから、本書でご紹介したコツをそのままやっていただいてもいいですし、あなたなりにアレンジしたり、これらを参考にしながらまったく違うアイデアを見つけられてもいいと思います。

楽しく勉強するために、勉強をおもしろくするために、いろいろ試してみてください。

怒らないで教えられるようになる

勉強を教えるときに、怒ったり大声をあげたりすることはなにもいいことがないのでやめたほうがいい、と書きましたが、そんなことはきっと誰でもわかっていることだと思います。

でも、「わかっているけれどもできないこと」の代表が「怒らないで勉強を教える」なのではないでしょうか。

私自身、子どもに勉強を教えていて怒りの感情が出てこないかといったらそんなことはありません。腹の立つこと、ムカッとすること、イラッとすることがたくさんあります。

私が未熟なせいもあるのだと思いますが、子どもに勉強を教えていて、怒りを完全になくすというのは不可能だと思っています。

ただ、それをそのまま「怒る」という形で子どもに伝えてしまうとうまくいかなくなるので、別の形で子どもに伝えるようにしています。

人は怒ることで、ある程度気持ちをスッキリさせることができます。

ムカッとしたとき、イラッとしたときに、ただ我慢して感情を抑え込むだけだと、ストレスが溜まるため、なにか別の形でスッキリさせる必要があります。
そのために、怒らなくても気分をスッキリさせる方法、怒りの感情を鎮《しず》める方法を知っておくことが重要です。
私はそれを知っていることで、ストレスなく子どもといい関係を保つことができるようになりました。

ここで、「怒らないで勉強を教える」を実践するために、怒りの感情についてくわしく考えたいと思います。

怒りは大きく分けて5つのパターンに分けることができます。
「悲しさ」から生まれる怒り
「さびしさ」から生まれる怒り
「心配」から生まれる怒り
「くやしさ」から生まれる怒り
「焦り」から生まれる怒り

このように、怒りの前にはもうひとつ別の「感情」があるのです。

それぞれを具体的に説明していきましょう。

＊「悲しさ」から生まれる怒り

子どもによかれと思ってやったこと、子どものためにしたことなのに、期待していたような反応が返ってこなかったときに起こる怒り。

【例】

・子どもに「ここわかんないから教えて」と言われたので、仕事の手をとめて教えてあげたのに、「お母さん、教え方ヘタ。わかんないからもういい」と冷たく言われたとき。

「人が一生懸命教えてあげているのに！　だったら最初から聞かないで！」と怒りたくなる。

・苦手な漢字を覚えられるように、手づくりの漢字表をあげたのに、「こんなのやったって覚えられない！」と破り捨てられたとき。

「誰のためにやってあげたと思っているの！　もう勝手にしなさい！」と怒りたくなる。

＊「さびしさ」から生まれる怒り

無視されたり、ないがしろにされたり、自分を軽く扱われたときに、自分の価値や存在が否定された、傷つけられたと感じて起こる怒り。

【例】

・わからない問題を丁寧《ていねい》に教えているのにもかかわらず、右から左に聞き流していて、まったく耳に入っていないと感じたとき。

「ちゃんとお母さんの話聞いてんの?!　聞かないなら自分でやりなさい！」と怒りたくなる。

・テストの結果が悪くて落ち込んでいるときに、力になってあげようと思い「お母さんが教えてあげようか？」と声をかけたが、「いいよ、どうせ母さんの説明じゃわかんないから」とそっけなく断られたとき。

「もう『お母さん、教えて～っ』なんて言ってきても、二度と教えてあげないからね！」と怒りたくなる。

✻「心配」から生まれる怒り

望まない結果、予想外の悪い結果が起こったとき、もしくは、このまま行くと大変な状況になると想像したときに不安を感じて起こる怒り。

【例】

・ゲームばっかりしていて全然勉強しない、「宿題やったの？」と聞いても「あとでやる」と言ってやらない、問いつめると「もうやった」、「宿題出てない」と嘘をつく、など、このままで大丈夫？　と感じたとき。

「ここに持ってきて見せてみなさい！　早くっ!!」と怒りたくなる。

・受験までもう時間がないにもかかわらず、ちっともやる気を出さず、模試の結果が悪くてもまるで他人事《ひとごと》のような平気な顔をしているとき。

「こんな結果でヤバいと思わないの?! 大丈夫っ?!」と怒りたくなる。

✻「くやしさ」から生まれる怒り

テストなどで期待していたほどの結果が出なくて、子どもよりも自分が一生懸命になり、親子の温度差を感じたときに起こる怒り。

【例】

・子どもに合った塾を探そうと思い、ネットで調べたりママ友に聞いたりした。情報をもとにいくつかの塾を一緒に見に行ったが、子どもが途中で飽きてしまい「もうどこでもいい」と言い出したとき。

「誰のためにやってあげていると思っているの！ わかってんの?!」と怒りたくなる。

・同じ単元の勉強を何回教えてもすぐに忘れる。昨日できたところなのに、今日やるときれいさっぱり忘れていて解けない。何度説明してもキリがないと感じたとき。
「この間もやったでしょ、これ！　ちゃんと真面目にやってる?!」と怒りたくなる。

＊「焦り」から生まれる怒り

決められた期日、締め切りが差し迫ってきて時間的に余裕がなくなったり、急な対応が必要になり精神的に余裕がなくなったときに起こる怒り。

【例】

・明日提出しなければならない宿題を、夜寝る直前になってから思い出したように持ってきて、「ママ、どーしよー……」と泣きつかれたとき。
「なんでもっと早くやらないの！　今ごろになってこんなの持って来てどうするの！」と怒りたくなる。

・「学校に行きたくない」と言われ、理由を聞いてもなにも答えない。仕方なく学校を休ませた。その日一日、家でずっとゲームをしてのんきに過ごしていたのに、次の日また「学校、行きたくない」と言われたとき。

「ゲームばっかりしているんだったら、学校へ行きなさい！」と怒りたくなる。

以上が、「5つの感情（悲しさ、さびしさ、心配、くやしさ、焦り）」から生まれた怒りの姿です。

起こった出来事に対し、5つのうちどの感情を抱くかは人によりますが、その感情がもとになって怒りが生まれるという構図《こうず》はすべての人に共通しています。

重要なのは、怒りではなくこの5つの感情なのです。怒らなくても、怒りのもととなっている感情を相手に伝えることができれば、気持ちはずいぶんスッキリします。

＊「悲しさ」から生まれる怒りの場合

・教えてあげたのに「教え方がヘタ。もういい」と言われたとき。

「お母さん、一生懸命教えたつもりなんだけど、そんなふうに言われると悲しくなるよ」と言う。

・手作りの漢字表を破り捨てられたとき。
「お母さん、がんばって作ったのに、そんなふうにされたら悲しいよ」と言う。

＊「さびしさ」から生まれる怒りの場合

・丁寧に説明しているのに右から左に聞き流されたとき。
「なんだか、私が真剣に説明しているのを聞き流されている感じがしてさびしいんだけど……」と言う。

・「お母さんが教えてあげようか？」と声をかけたら、お母さんの説明じゃわからないと断られたとき。
「そっかぁ、お母さんの説明じゃわかんないか……。そうかもしれないけど、そんなふうにストレートに言われるとちょっとさびしいなぁ……」と言う。

＊「心配」から生まれる怒りの場合

・宿題をやっていないのに「もうやった」「出てない」と嘘をつかれたとき。

「やってあるなら安心なんだけど、もしやってなくて先生に怒られたらって思うと心配なのよ」と言う。

・模試の結果が悪くても他人事のようなとき。

「あぁー、心配でドキドキしちゃうっ！　大丈夫かな？　大丈夫かな？　合格できるかな？」と言う。

＊「くやしさ」から生まれる怒りの場合

・一緒に塾を探しているのに、子どもが「もうどこでもいい」と言い出したとき。

「自分に合った塾を決めるのは大切なことだと思っているんだけど、それを『どこでもいい』なんて言われるとがっかりしちゃう……」と言う。

・何度同じことを説明しても忘れてしまったとき。

「これ、前にも説明したんだけど、お母さんが真剣に話したことを忘れられるとっても残念……」と言う。

＊「焦り」から生まれる怒りの場合

・明日提出しなければならない宿題を、夜寝る直前になって持ってきたとき。
「わぁー、どうしよう！　もう時間がないから焦っちゃうっ!!」と言う。

・一日学校を休んでずっと家でゲームばかりしていたのに、次の日また「学校、行きたくない」と言われたとき。
「連続で学校休んじゃったら、お母さん、どうしたらいいんだろうって焦っちゃう」と言う。

実際には、こんなに冷静にはなかなかなれません。
だから、たとえ怒ってしまったとしても、気持ちが落ち着いたときに自分が抱いていた感情を見つめ直せればそれでいいと思っています。

私も子どもに怒ってしまった日の夜には、怒ったときのことをふり返って考えるようにしていました。

「あのとき、もとになっていた感情はなんだったんだろう？

悲しかったのかな？　くやしかったのかな？

本当は子どもになにを伝えたかったんだろう？

自分の話をちゃんと聞いてほしかったのかな？

がっかりした気持ちをわかってほしかったのかな？」

こんなふうに考えることで、自分の本当の気持ちに気がつくようになりました。

つまりそれは、怒りではなくて、本当に伝えたかったことです。それに気がついたら、「じゃあ、次に同じようなことがあったら、怒る代わりにどう言えばいいんだろう？」と考えられます。

そうしたことをくり返すうちに、だんだんとその場そのときで考えられるようになっていきました。

怒るのではなく、もとになっている気持ちを伝えることができるようになったのです。

そして、本当に伝えたかったことを素直に伝えられるようになると、不思議と怒りの感情は気にならなくなっていきました。

怒らないで勉強を教えるための第一歩として、怒りのもとになっている感情を考えてみてください。

（「5つの感情から生まれる怒り」は名古屋の学習塾「研友ゼミ」の下平哲也《しもひらてつや》先生のご意見を参考にさせていただきました）

子どもへの大きな贈《おく》り物

子どもに勉強を教えるときに、大切にしてもらいたいのが子どもの気持ちです。

子どもは勉強好きかきらいか。

今の勉強法は、子どもを勉強好きにするか、勉強ぎらいにするか。

好きではないにしても、せめてきらいじゃない、やってもいいなと思えるかどうか。

家庭教師として子どもに勉強を教えるとき、私がもっとも重要視しているのはこういった点です。

もちろん、成績を上げることは大切なのですが、そればかりを意識してしまって勉強がきらいになり、勉強を避ける子になってしまったら本末転倒だからです。


私は今、勉強ぎらいの子どもが多すぎるのではないかと感じています。

私が家庭教師を受け持つ子どもの多くは勉強が大っきらいです。私の場合、関わる子どもが少々個性的ですからその傾向が強いのかもしれませんが、以前塾に勤めていたときにも、「なんで子どもはこんなにも勉強がきらいなんだろう？」と、よく考えていました。

そして、長年子どもたちやその親御さんと接するうちに、そのもっとも大きな要因は、周りにいる大人なのではないかと感じるようになりました。

簡単に言うと、**大人が子どもを勉強ぎらいにさせている**、ということです。

ちょっと昔を思い出してみてください。

お子さんが小学1年生になったとき、どの子を観ても勉強に興味津々《きょうみしんしん》だったかと思います。

先生が「教科書開いて」と言ったら「は〜い」と喜んで教科書を開きます。

学校から帰ってきたら、「今日、足し算教えてもらったぁ〜!」『おむすびころりん』読めるようになったよ!」と、とてもうれしそうに話してくれます。

また、宿題が出るようになると「今日、宿題もらったぁ〜!」と、まるでおみやげをもらってきたかのように見せてくる子もいます。

このころ、ほとんどの子は勉強が好きなのです。

しかし、中学生になるころを見てみると、まったく違います。

誰に聞いても「勉強なんてきらい」、「勉強が好きな人なんているわけがないじゃん」と口をそろえて同じ答えです。

これは成績のよし悪しは関係ありません。成績のいい子でも成績の悪い子でも同様に勉強ぎらいなのです。

　これっておかしいと思いませんか？　小学1年生から中学までの間になにが起こっているのでしょうか。


　小学校のころに起こっていること。それは、大人からの勉強に対するマイナス感情の植え込みなのです。

　このマイナス感情の植え込みこそが、先ほどもお話しした、周りにいる大人が勉強ぎらいにさせているということにつながってきます。

　もちろん、わざと子どもを勉強ぎらいにしようと思っている大人なんていません。

　しかし、大人から、

「なんでこんな問題もわからないの?!」と責められる、

「さっきやったばっかりなのに、どうしてまた間違えるの！」と叱られる、

「お兄ちゃんはこんなじゃなかったのに」と兄弟姉妹と比べられる、

「勉強しないと将来大変なことになるよ」とおどされる、

「勉強って嫌よね～」と勉強とは嫌なものだと刷り込まれる。

こうしたことによって、子どもは少しずつ勉強ぎらいになってしまうのです。

当たり前ですが、勉強を好きになるか、きらいになるかで子どもの取り組む姿勢や結果はまったく違ってきます。

小さなころは能力の違いよりも感情、つまり好きかきらいかのほうが結果に対して大きな影響力を持ちます。

たとえば、好きな先生の教科はいい点を取って、きらいな先生の教科は点が悪いなどは、その代表的な例です。

4年生のときは先生が好きだったので点数がよかったけど、5年生になってきらいな先生に替わったから全然ダメ。こんなことはよくあります。

成績を上げることに注力するより、まずは子どもに勉強を好きになってもらうことが大事です。勉強に「喜び」や「うれしさ」や「楽しさ」といったプラスの感情をつけていくのです。

自分から勉強する子のお母さんはこういったプラスの感情を子どもと共有することが非常に上手です。

「やったー！　できたーっ！」と一緒に喜び、「がんばって勉強しているね」と、親としてのうれしさを伝えることで勉強への印象はずいぶん変わっていきます。

勉強している姿を笑顔で見守って楽しさをあらわしたりしていくことで、勉強にプラスの感情が生まれ、子どもは勉強を好きになっていくのです。

小さなころにこのような勉強に対するプラスの感情（好きという気持ち）を持てると、大きくなってからも学ぶことに対する好印象をずっと持ち続けることができます。

もちろん、成長の過程に思春期があり、いろいろな出来事がありますから、子どものころに勉強が好きだったからといってそのまま変わることなく勉強し続けるわけではありません。勉強しなくなる時期、離れる時期はあるでしょう。

でも、いつかまた戻ってきます。小さなころに持った感情は大人になってもあまり変わることなく持ち続けることが多いからです。

先述したことは、勉強以外でもすべてのことに共通して言えます。

たとえば、料理。

話は飛びますが、私はとても料理が好きです。特に、妻が職場へ持参するお弁当づくりは、今や私のライフワークです（笑）

あの小さなお弁当箱のなかにごはんがあり、主菜、副菜、箸休め、ときにはデザートも入ります。

肉料理、魚料理、野菜のバランス。そして、彩り、見た目といった、料理に関するすべての要素がお弁当には入っています。

「今日のおかずはなににしようか？」と考えるのは、悩ましくもありますが大きな楽しみでもあります。満足のいくお弁当が作れたときは心からうれしくなります。

ところが、こんなふうにお弁当づくりを楽しめている人は、どうやら少数派のようで、この楽しさをなかなかわかってもらえないことがあります。

私が毎日妻のお弁当を作っている、という話をすると、

「へぇ〜、毎日お弁当作って大変だねぇ」、「えらいねぇ」といった反応が返ってきます。

私からすると、えらくもなければ大変でもなくて、ただ楽しいから作っているのです。

ふり返ってみると、私の料理好きは母のお手伝いからはじまっています。

私は5人兄弟の末っ子で、小さいころ両親から非常にかわいがられて（甘やかされて）育ちました。母のことが大好きでいつも母親のあとをついて回っていました。

夕方になると、炊事をする母の隣にいるので、ほぼ毎日台所にいました。

そんな私に、5人も子どもを育ててきた母はうまく「お手伝い」をさせていたのではないかと思います。

私にとっては、料理の時間＝大好きな母と一緒に過ごせる時間であり、本当に大切でうれしい時間でした。

そのころ、料理に対する「好き」というプラスの感情を持てたのだと思います。

その感情は大人になっても十分に残っていて、今でもお米を研《と》ぐと母を思い出すことがあります。

私の料理好きは母親との楽しい料理、お手伝いから生まれたのです。

もし子どものころに、私にとっての料理と同じように、勉強に対してプラスの感情を持たせることができたら、それはきっと大人になっても活きていくだろうと思うのです。

だから、**勉強にプラスの感情をつけてあげることは、子どもの人生をよりよくするうえで非常に大切**だと考えています。

勉強は一生続きます。

勉強というと学生のときだけを思い浮かべがちですが、学生の勉強だけが勉強ではありません。

仕事に就くと、自分の専門の勉強がはじまります。

営業職ならセールストークやコミュニケーション術、コーチング、マーケティング、プレゼンテーションなどの勉強。

学校や塾の先生なら勉強の教え方や記憶の仕方、心理学、コーチング、進路指導、受験情報、学校情報など。

実は、勉強とは社会人になってからほうがずっと長い期間続きますし、内容も量も膨大です。

その長く膨大な勉強を続けるために、勉強に対してどういう気持ちを持っているかが非常に大切です。

勉強のはじまりである小学生のころに勉強するのがきらいになってしまったら、そのあとに続く社会人の間、きらいなことをずっとし続けなければならなくなってしまいます。

もちろん、なかには「社会人になってからの勉強はおもしろい」と言って、熱心にされる方もいますが、子どものころのきらいな印象を引きずってしまって、勉強を避けてしまう人も多くいます。

子どものころに勉強に対して〝好き〟というプラスの感情を持たせてあげることは、子どもへの大きな贈り物になるのです。

子どもの「ありのまま」を受け入れるって？

ありのままの子どもを受け入れる――。

子育ての本にはよく書かれていることですよね。これ、簡単な人にはごく普通なことなのかもしれませんが、多くの人にとってはかなり難しいようです。

こと勉強が絡《から》んでくると穏やかではいられなくなります。

「ありのままを受け入れるってどういうことですか？」

「勉強しなくてもいいってことですか？　受験に落ちたらどうするんですか?!」

「なんでも『いいよ、いいよ』じゃ、ただ甘やかしているだけじゃないですか」

そんな戸惑いの声をよくお聞きします。

かくいう私もバリバリの理系人間、理論理屈が大好きなので、どうしたらいいのかはじめはよくわかりませんでした。そもそも言葉の意味がわかりません。

「ありのままを受け入れるってことは、騒いでいる子どもも注意しちゃいけないってこと？　勉強しなくてもそのままでいいってこと?!　そんなんじゃ成績は上がらないし！」と、疑問だらけでした。

そんなとき、ありのまま受け入れることがどういうことか、という視点ではなく、

子どもがありのまま受け入れられていると感じればそれでいいのではないかと、着眼点を変えてみました。

そう考えると、意外にすんなりと答えが出てきたのです。

人は、自分が好きなことや、今感じていることを相手と共有できたときに、受け入れられていると感じるものなのです。

このことに気がつき、早速やってみました。

まずは、子どもが好きなマンガを同じように好きになって楽しみながら読んだり、子どもが好きなアイドルを同じように好きになってテレビを見たりしました。

もちろん、最初から共感できるものばかりではないので、子どもに合わせて好きになったふり、楽しんでいるふりです。

勉強に関しても同じ。

苦手な算数を同じように苦手だと感じたり、勉強したくない気持ちを同じように「やりたくないなぁ〜」と思ったりすることで、子どもは自分のありのままを受け入れられていると感じてくれるのではないかと思ったのです。

実際にやってみると、予想的中。子どもとの距離がぐぅ～っと縮まるのがわかりました。心を開いてくれるようになったのです。

いつもはあまりしゃべらない子が、好きな芸能人のことを一生懸命に話してくれるようになりました。

それまで携帯電話には絶対に触らせなかった子が、携帯電話のなかにある画像を見せてくれたりします。

「算数、嫌だよね～」と子どもと２人して机に突っ伏していたら、子どもが「やっぱやるしかないか！」と自分から勉強を再開し、いっきに終わらせたこともあります。

２人で「勉強やりたくないよ～」と何回も何回も言っているうちになぜだかおかしくなってきて、一緒に大笑いしたあと「中学に合格したら一緒に入学式に行こうよ」なんて誘ってきてくれた子もいました。

そして、すべての子が、それまでよりもずっと私の話をちゃんと聞いてくれるようになったのです。

ありのままの子どもを受け入れると言うと、なにもかもすべてを受け入れなければいけないような感じがしませんか。もちろんそうできればいいのですが、そんなときばかりではありません。

どうしても受け入れたくないものだったり、なにをどう受け入れればいいのかわからなくなってしまったり、考えすぎてなにもできなくなってしまったり、状況はさまざまでしょう。

そんなときは、子どもの行動や感情に合わせて、物事を共有、共感してあげれば、子どもはありのままを受け入れてもらえていると感じるのです。

第2章

勉強が好きになるための成功体験の作り方

勉強は なんのためにするのか

私は家庭教師として、不登校の子、発達障害を持った子、問題行動を起こす子、極度の勉強ぎらいの子など、それぞれに個性を持った子どもたちに勉強を教えています。どの子に接するときも、勉強好きになってほしい、と考えています。

ただ、ときどき思います。

「子どもにとって、勉強好きってなんだろう？」と。

子どもが勉強好きになるには３つの条件が必要だと考えています。

勉強好きといっても、ゲームやジャニーズ、チーズケーキのように好きになるわけではありません。

「ゲームがしたい」、「今日はなにがなんでも嵐のコンサートに行こう！」と思うことはありますが、同じように、「勉強がしたい！」、「今日の午後はなにがなんでも勉強しよう！」なんて思うことはほとんどありません。

それはきっと、勉強することは、ただそれだけを求めてやるものではないからだと思います。

ゲームをするのも、ジャニーズを追いかけるのも、チーズケーキを食べるのも、ただそのことを求めてやるものです。それができれば満足します。

でも、勉強はそうではありません。

ただ勉強すればそれで満足というものではなくて、勉強した先にあるものを求めて行なうものなのです。

もちろん勉強そのものをやりたい子もいるかもしれませんし、そういう時期もあるでしょう。

勉強ができるようになってうれしい、解けなかった問題が解けて楽しい、というように勉強そのものを求めるときもあります。

ですが、多くの場合は勉強の先につながっているものを求めて勉強しています。

勉強の先につながるものはなにかと言うと、**目的と目標**です。

これが、子どもが勉強好きになるひとつ目の条件「勉強する理由」です。

目的とは、なんのために勉強するのか？

目標とは、勉強してなにを得るのか？

よく目的と目標を混同して考えている人がいますが、目的と目標は全然違うものです。

子どもとの会話のなかでよく話されるのは目標です。「志望校に合格する」、「内申点（通知表）を上げる」、「テストで１００点を取る」など。

目標は「なにを得るのか？」なので、明確に得られるものが決まっています。期日が決まっているものが多く、達成したか否か、成功か失敗かがはっきりとわかります。どちらかと言うと短期的なものです。

それに対して目的は「なんのために？」であり、明確なゴールがありません。「世界を貧困から救うため」、「日本をよりよくするため」、「家族を幸せにするため」など。

達成したか否か、成功か失敗かではなく、以前よりも進んだかどうか、よりよくなったかで判断します。それは、人生の方向性を示す道しるべであり、向かう先を示す矢印のようなもの。長期的で、ずっと続くものです。

たとえば、私の目標は「この本の原稿を今月中に書き上げる」、「今秋にシンガポールで講演会とセミナーをする」といったものです。

ゴールも期日も決まっていて、達成したか否かがはっきりとわかります。

それに対して、私の目的は、「子どもがリソースフルに生きられる家族を育てる」というものです。

リソースフルというのは、「自分の強みや才能を最大限に活かしている状態」という意味です。これにはゴールも期日もなく、終わりがありません。

昨日よりも今日、今日よりも明日、ひとりでも多くの子どもがリソースフルに生きられるように。

きっとこれから先、私が勉強し続ける間、この目的に沿って進み続けるのだと思います。

小学生がこういった勉強する目的を見つけるのは難しいものです。

たぶん、本当に勉強する目的を見つけるのは大人になってからではないかと思います。

ですから、なおさら私たち大人がしっかりと目的を見極めたうえで、方向性を見失わないようにする必要があるのです。

方向性さえ持っていれば、一度や二度目標達成に失敗したところで、オロオロしたりうろたえたりする必要はなくなります。人生において、すべての目標を達成することは不可能ですから、かならずどこかのタイミングで目標達成に失敗すると思っていたほうがいいです。

中学受験や高校受験に失敗するかもしれませんし、漢検や英検などの検定試験に落ちるかもしれません。

しかし、目的さえしっかり持っていれば、仮にそうした目標が達成されなかったところで、たいして困ることはありません。ちょっと迂回《うかい》するなり、違う道を進めばいいだけです。

逆に、目標ばかり追いかけていると、受験に失敗しただけでこの世の終わりのように感じてしまうことがあります。

「受験に費やした3年間はなんだったの?!」、「時間もお金も努力も全部ムダになってしまった」

親がそう思ってしまうと、子どもも同じように落ち込んでしまいます。親子そろってどん底です。

ですが、たかが受験でそんなに落ち込む必要はまったくありません。

そもそも受験までの人生よりも、受験後の人生のほうが何倍も長いわけですから、取り戻せないわけがありません。

受験に失敗しても落ち込むな、とは言いませんが、ひとつの目標を終えたら早く気持ちを切り替えて、次の目標に向かうことのほうが重要です。

そのためにも親がしっかりと目的を持ち、方向性を見失わないことが大切です。

2つ目の子どもが勉強好きになる条件は、「**専門分野を持つこと**」です。これは、勉強する理由を見つけるために必要になります。

専門分野を持ち、学んでいく際にその道しるべとして目標が生まれ、そのずっと延長線上に目的が見えてきます。

専門分野と聞くとなんだか難しい感じがしますが、それほどかしこまって考えなくてもかまいません。

欧米の家庭や学校では、子どもが小さなころから将来の夢や目標を具体的に形（ビジネス）にするような会話があり、年齢を問わず自分の専門を考えている子がいます。

しかし、日本では子どもが小さなころはあまりそういった話はされませんから、小学校のうちから専門分野を持つというのは現実的ではありませんね。

ですから、本書でご提案したい専門性は、現実的なところで「好きな教科がある、興味がわく分野を持っている」といったことにしぼります。それならさほど難しいことではないと思います。

好きな教科は多ければ多いほどいい、というものではないので、ひとつしかないならそれでもかまいません。

好きな教科は社会だけ。

興味がわくのは植物に関してだけ。

もしそうなら、それを専門分野にして勉強すればいいのです。

ただ、子どもに勉強を教えていると、そうした興味はある程度は自然に広がっていくように感じます。

植物が大好きだった男の子で、植物を調べていくうちに、どの地方でどういった植物が育つかといった植物の分布に興味を持ちはじめて、それをきっかけに社会の地理に関心を持つようになった子がいました。

読書が大好きで時間があると小説ばかり読んでいた女の子が、ある小説の主人公の職業が解剖医だったことから解剖学に興味を持ち、理科に目覚めたこともありました。

電車好きから地理に興味を持つようになる子は多いですし、歴史好きな子が国語の読解問題が得意になることも少なくありません。

それは、興味を広げようと誰かが意図的になにかをしたわけではなく、もともと子どもが興味を持っている教科を勉強していったら、いつのまにか他のことにも興味を持てるようになっていったという流れです。

子どもが興味や関心を持ったことには、なにがいいとか、なにが悪いとか、大人がジャッジをせずに、すべて突き進んだらいいと思います。

突き進んだ先に目標があり、目標をつなげていくと目的が見えてきます。

勉強する理由がわかって、専門分野を持てたら、勉強好きになるためにもうひとつ必要な条件が「自信を持つこと」です。

自信を持つとは、勉強は自分でなんとかできると思っているということ。

その真逆の捉《とら》え方が、「勉強なんてやってもどうせわからない」、「勉強してもできるようになんてならない」、「勉強なんてやるだけムダ」といったものです。勉強が自分の力でなんとかできると思っていないのです。勉強ができない子、極度に苦手な子はこうした考え方を持っている子が多いですね。

やってもムダだと思っていることにやる気は起こりませんし、どうせできるようになんてならないと思っていることを自らやろうとは思いません。

子どもに「僕はできる！」、「私、やれる！」という勉強に対する自信を持ってもらうことが大切です。

私は、「どうせムリ」、「やってもムダ」と思っている子に勉強を教えるときは、どうやって自信を持ってもらうのかを最初に考えます。

すべての勉強、すべての教科に対してそうは思えなくてもかまいません。ひとつでもいいから「できる」「やれる」と思えるところを作ります。

算数が苦手だとしても、計算問題はできる子がいます。

計算問題だけを取ってみても速くは解けないけれども、間違いは少ない。反対に、よく間違えるけれども、スピードは速い。

そういう場合は「計算間違いをしないで解ける」、「計算問題は速く解ける」と思えたらそれはひとつの自信になります。

国語の場合も同じです。

国語は苦手だとしても、漢字は得意な子。

問題は解けないけど、ハキハキした大きな声で音読ができる子。

そうした子は「漢字はできる」、「音読は上手にできる」と自信を持てるようにします。

少しずつ「できる」「やれる」という経験を積み重ねていくと、勉強は自分でなんとかできると思えるようなっていきます。

小さなことから、自信の持てるところを作っていくのです。

以上のように、

①勉強する理由がわかっている
②専門分野がある
③自信を持っている

この３つの条件をそろえることで、子どもは勉強好きになるのです。

では、具体的にどのようにして子どもを勉強好きにしていくかを見ていきましょう。

必要なのは根拠のない自信

以前、こんな男の子がいました。

小学5年生の篤哉《あつや》くんは勉強がまったくできません。学校のテストではどの教科も20～30点。明るくて屈託《くったく》のない性格で、先生から好かれてはいましたが、通知表を見れば算国理社はすべて1。それ以外は2か3です。

彼は勉強がきらいでほとんどしません。たま～に30分ぐらい教科書をながめる程度です。もともと学習能力が高いわけではありませんから、たった30分教科書をながめる勉強で効果が出るわけがありません。

テストで正解しているのはすべて記号問題です。

私が篤哉くんに出会ったとき、彼は勉強だけでなくスポーツにも自信がなく、なに対しても積極性がありませんでした。

ゲームは好きでよくやっていましたが、それにしても積極的にのめり込んでいるわけではなく、みんながやっているからそれに合わせてやっているという感じ。

自信を持って取り組んでいることはひとつもありませんでした。

私が彼に会って最初に考えたことは、自信を持たせてあげたい、ということでした。

自信とは、大きく分けると〝**根拠のある自信**〟と〝**根拠のない自信**〟という2つに分類することができます。

通常、自信の根拠となりうるものは、結果です。

この場合の結果とは、テストでいつも80点以上取れている、といったものです。

しかし、篤哉くんを含め、私が自信を持たせたいと感じる子は、そうしたいい結果を出したことがないから自信がないわけです。

ですから、この段階で自信に根拠を持たせようとしてもそれは無理です。

結果を出せていない子が、将来的に結果を出せる子になるために、今は「根拠のない自信」を持たせてあげることが大切です。

つまり「俺（私）でもできる」と勘違いさせてあげることです。できないけどできると思ったり、解けないけど解けると思ったりする勘違いが必要なのです。

こう書くとふざけているように思われるかもしれませんが、実際に上手に勘違いした子どもはどんどんやる気を出しはじめ、成績を伸ばしていきます。

なぜなら、やる気を持って積極的に勉強すれば、今まで覚えられなかったものも覚えられるようになり、今まで解けなかった問題が解けるようになるからです。

自分から勉強する子のお母さんは、とにかくこの根拠のない自信を子どもに持たせることが非常に得意です。

では、具体的にどうしたらいいのでしょうか。

先ほどご紹介した篤哉くんの例でお話ししていきましょう。

最初に、彼が一番好きな教科である理科のプリントに書いてある語句を、6個ずつに区切って覚えていきました。

「覚えたらテストするよ。5分間ね。じゃあ、スタート!」と言ってプリントを渡します。

「え〜、やだぁ〜」「面倒くさい〜」と文句を言っていましたが、そんな言葉には反応せず、私はストップウォッチだけを見ています。すると、あきらめてプリントを見はじめました。

2分ほどたつと、覚えるのに飽きたのか「もう覚えた」と言ってプリントを返してきます。

「え?! もう覚えたの?! ホントに?! まだ2分しかたってないよ」と少しおおげさに驚いても、篤哉くんは「もういい。覚えた」と言ってプリントを突き返してきました。

テストをしてみると、結果は6問中2つしか合っていません。予想したとおりです。

ですが私は、「おっ！　2つ当たっているじゃん。よくあんなに短い時間で2つも覚えられたね！」と驚いてみせ、「でも、さすがに2分じゃ全部覚えるのは難しいよね。じゃあ、今度は5分で覚えてみようか」と続けてプリントを渡し、次の6個を覚えさせます。

すると、ほめられたため、さっきよりも集中して覚えはじめます。

3分ほどたったら、また「覚えた！」と言ってプリントを返してきます。

ここでも私は「ホントに?!　早すぎない?!」と驚いて、テストを渡します。

ところがなんと、次は本当に全問正解です！

「うわっ！　すごい！　3分で全部覚えるなんて！」と驚くと、篤哉くんは若干得意顔です。

「もしかして篤哉くん、覚えるのが得意なの？」と聞くと、「えー？　そうかなあ？」なんて照れています。

「そうだよ。今までいろんな子を見てきたけど、こんなに早く覚えられた子っていないもん」そう言うと、篤哉くんはすっかりノリノリです。

「次も！　早くっ！」と催促《さいそく》してくるほどです。

プリントにある6個の単語を3分で覚えるなんてことは、実は誰でもできる簡単なことなのですが、こういったことをくり返すと、「俺は暗記が得意！」と勘違いしてくれるようになるのです。そして、自分の暗記力に自信を持ってくれるようになります。

私は実力の有無と、自信を持つか否かは別だと思っています。

たしかに、本来、実力があるから自信を持つ、というのが自然な順序です。

しかし、現実には、自信を持ってやっていたら実力がついた、ということもよくあります。

講演会などでこうした話をすると、「うちの子は、『俺はやればできる』って根拠のない自信ばっかりでちっともやらない」と嘆《なげ》く方がいらっしゃいます。

でも、私はそれでも十分だと思っています。

なぜなら、その自信があれば、いつかその子にとってのベストなタイミングで、自分から動きはじめるからです。

「観察」と「対応」は2つでひとつ

私は仕事柄、全国のお母さんやお父さんから、お子さんについての相談を受けています。

勉強や進路の相談をはじめとして、不登校の子どもへの対応、友達関係とのトラブル、発達障害を持った子の関わり方や摂食障害など、相談事はいろいろです。

そうした相談をお受けするときに一番に考えることは、「この人の悩みは、どうやったら軽くなるだろうか？」、「どうしたらこの人の気持ちが明るくなるだろうか？」ということです。

今、起こっている問題をなくすことや困っている事柄を解消することはもちろん大切なのですが、問題解決や事態を解消するには時間がかかることも多いです。そうであれば、今より少しでも悩みが軽くなり、相談される前よりも気持ちが上を向いて明るくなってもらうことが大切です。

こんなことは改めて書くほどのことでもなくて、至極当たり前のことだと思われるかもしれませんが、こと勉強に関して言うと、親子でまったく逆のことがなされていたりします。

子どもが勉強について悩んでいるとき、どれだけの大人が子どもの気持ちを軽くしてあげられているでしょうか？

「勉強なんてできなくたって立派な大人になれるんだから大丈夫だよ」、「そのうち解けるようになるから、別に今できなくたって気にしなくてもいいと思うよ」

こんなふうに、気持ちが軽くなるような声かけをしてあげられる大人が何割いるでしょう？

反対に、「だから前からやりなさいって言ったじゃない。今までサボってきた罰よ」、「今できないと、勉強はだんだん難しくなっていくんだから、ちゃんと理解しなきゃだめよ」といった、より悩みを大きくするような言葉をつい使ってしまいがちです。

さらに問題を大きくするようなことを言っている場合もあります。

「そんな問題も解けないのに、入試問題なんか解けるわけがないでしょ」、「入試に落ちたらどうするつもり？　公立に行くの？　だったら、最初から受験なんてしなきゃいいのに」など、まだ起こってもいないような出来事で責めたりもします。

本来なら問題を小さくして、悩みを軽くしてあげるべきなのに、反対に問題を大きくして悩みをより深くしてしまっています。

もちろん親がこうした言葉を使うのも悪気があってではありません。問題が大きくなる前になんとかしておきたいという親心です。子どもの将来を考えて、もっと勉強ができるようになってもらいたいと思うあまりに出てくる言葉なのです。

しかし、親が、危機感をあおって勉強させる、ヤバいと思わなきゃ子どもは勉強しない、という考え方を持っている限り、不安や危機感といったネガティブな感情でしか子どもの心を動かすことができなくなってしまいます。

子どもが抱えている問題を解消してあげることはできません。

本当に子どもの悩みを解消させてあげたいのであれば、まずは「今はなにを考えているんだろう？」、「どんな状態なのかな？」、「なにをやろうと思っているのかな？」と、子どもを観察することです。

そして、子どもに声をかけたり、接し方を変えたり、環境を整えたりしながら、そのときどきに応じた対応を考えます。

「観察」と「対応」は2つでひとつ。どちらが欠けてもうまくはいかない、セットになっているものです。

先日、小学6年生の女の子が、勉強前に「まったくやる気な〜い。どーしよー」と言うので、「ふーん、やる気がないのに、よくそんなにがんばっているね～」と、声をかけました。

観察してみると、自分なりにがんばっているのになかなかできるようにならず、周囲から認められないために嫌になっている、という気持ちが読み取れたからです。

私の言葉に彼女の反応は、「えー？　がんばってないよー、ぜんぜん」というもの。

「そうなの？　やる気ないのに毎日学校行って、宿題もやって、こうして家庭教師もやっているだけで、俺はがんばっていると思うけどなぁ」と返しました。

「ふ～～ん」と返事にならないような返事をしながら、ちょっと照れたように勉強しはじめました。

違う子ではこんな場合もあります。

小学4年生の男の子です。

「せんせー、俺、もうやる気なーい」

「やる気がないときは勉強やらないほうがいいよ。そんなときにやっても余計に嫌になるだけだから。やめちゃお、やめちゃお！」

そう言って、２人してマンガを読みはじめました。

その日の授業はマンガを読むだけで終わりましたが、次の日はいつものように勉強しはじめ、その後、やる気がないとは口にしていません。

この子はあまり勉強熱心ではありませんが、「やんなきゃいけない」という焦りと「やりたくない」という気持ちに挟まれて苦しくなっているようでした。

やんなきゃいけないとわかっているならやればいいだけの話なのですが、そんな正論どおりには動けないのが小４男子です（笑）そんなときに無理やり勉強させようとしたら逆効果になります。余計にやる気を失わせてしまうだけだからです。

２つの想いに挟まれて苦しいなら、片方を取り去ってしまえば挟まれる苦しさはなくなります。

いったん気持ちを楽にして冷静に考えれば、やらなきゃいけない気持ちが子どものなかで勝ります。

子どもがただかまってほしくて勉強の文句を言ってくるときもあります。

「もうやる気ない。面倒くせ〜」

そんなときは冷静に「別にやる気があってもなくてもどっちでもいいからさ。やりさえすれば、それでいいから」と返事をします。

この場合は会話の内容に意味はなくて、ただ絡《から》みたいだけなのです。ちょっとだけ反抗して言い合いしたいだけ。

「え〜、冷たいなぁ〜」と言ってきたら、

「というより、俺としてはやってもやんなくてもどっちでもいいんだけどね。他人事《ひとごと》だから（笑）」と、さらに冷たく突き放します。

子どもは文句を言ったあとにまた勉強しはじめます。

以上の例は、観察して、そのときの心境に合った対応をしただけです。次に彼らが同じ言葉を言ったとしても、同じ対応をするとは限りません。その場そのときの状況によって対応は変えていかなくてはいけないからです。

その対応を見つけるためのヒントは、かならず子どものなかにあります。日ごろからよく子どもを観察して、ヒントを見つけてください。

危機感をあおる言葉って？

「毎日コツコツと勉強しないからわからなくなるのよ」
「テストは来週なのよ、大丈夫？」

↓ **子どもを焦らせている**

「またテストで悪い点を取ったら通知表が下がるわよ」
「お父さんに怒られても知らないからね」

↓ **だんだんと問題が大きくなっていく**

「行ける学校がなくなるわよ」
「今度テストが下がったら携帯を取り上げるからね」

↓ **語気《ごき》が強くなっていく**

「高校に入れなかったら働きなさいよ！」
「あとで泣いても知らないからね」

↓ **おどし文句になってしまっている**

「自分のことなんだから自分でなんとかしなさい！」

子どもが抱える勉強の悩みを小さくして、気持ちを軽くしたいと思うなら、「危機感をあおって勉強をさせる」、「ヤバいと思わなきゃ子どもは勉強しない」という考え方は捨てましょう。親がこの考え方を持っている限りは、問題は解決されません。

答えをテキストに書くか、ノートに書くか？

テキストの問題を解くときに、答えをノートに書いたほうがいいのか、それとも直接テキストに書き込んだほうがいいのか。

これは学校や塾の先生でも、意見が分かれるところだと思います。

親御さんに意見を聞くと、「テキストに直接書き込んじゃったら、もう使えなくなるじゃないですか。私が子どものころはノートに解きなさいって教えられました」と言われる方が多いです。

しかし、**子どもを勉強好きにするための方法としては、テキストに直接書くことをおすすめします**。

確かに、どちらにもメリットデメリットはあります。

答えをノートに書くメリットは、同じ問題をくり返し解けるということ。

同じ問題をくり返し解くことによる効果は、私自身も実感しています。

受験のとき、同じ問題集を複数回、多いときには30回以上解きました。

同じ問題をくり返し解くことによって、知識や解き方がしっかりと定着すると感じています。

しかし、同じ問題を解きたがらない子どももいます。同じ問題を出すと、「この問題、前にも解いたから、他のにしてよ」と言ってやりたがりません。

こうした子に同じ問題をくり返し解かせると、かえってモチベーションが下がってしまいます。

「こんなの前にやったから、できて当たり前なのに……」とへそを曲げてしまうこともありますし、「同じ問題なのにまた間違えた……」と落ち込んでしまうこともあります。これがデメリットです。

対して、答えを直接テキストに書く一番大きなメリットは、達成感を得られることです。

一冊やり終えたときの達成感は、ノートに解いたときよりも大きいです。

テキストを開くと自分の文字、計算がいっぱい書いてあって、マルがたくさんついています。

汚れて折り曲がったページからは、努力の跡を感じることができるでしょう。

デメリットはやりっ放しになってしまうことが多いことです。

間違えたそのときはやり直しますが、それをくり返すことはあまりしません。

間違えた問題を確実にできるようにする、という意味ではあまりよくない方法かもしれませんね。

メリットデメリットがあるのは当然で、単純に比較することはできないのですが、私のおすすめは直接テキストに解く方法です。

理由は簡単。そのほうが子どものやる気が上がるからです。


私が教えている子どもの多くは勉強が大きらいです。

ちょっとのことで「あぁ～、今日はやる気がなくなった」、「もうやりたくない！」と言い出します。

ですから、少しでもやる気を削ぐものを減らして、ちょっとでもやる気になるものを増やす。

これが私の基本姿勢です。

実際、子どもと一緒にテキストを進めていると、テキストに直接解いていったほうが子どものモチベーションは上がります。

「もうこんなに解いたよ！」、「あとこれだけで一冊終わるね！」

（テキストをすべて終えたとき）

「すごいっ！　これ全部解いたんだよ!!」と声をかけると、うれしそうな顔をしてくれます。

自分のやった成果が目に見えてわかると気持ちがいいもの。

先に書いたように、解いた問題すべてがマルなら気分爽快です。

数学ぎらいの中学1年生の雅弘《まさひろ》くんにはじめて勉強を教えたとき、雅弘くんはノートに書いていていました。

面倒くさそうに、かったる〜い感じで問題を解きます。

「ノートに解いているんだね」と声をかけると、「うん、そうしろって言うから」という返事。

くわしく聞くと、計算問題を解くときに、問題を書き写さなきゃいけないのが面倒のようです。

$$2X+3-(3X-6)=$$

という問題を解くときに、テキストに直接解くなら、

$$-X+9$$

と答えだけ書けば済むのに、ノートに解く場合は、

$$2X+3-(3X-6)=-X+9$$

と、わざわざ問題文を書かなければいけないので、それが面倒くさくてやる気がなくなると言います。

こうした**小さな〝障害物〟を取りのぞくことは、勉強ぎらいの子どもが勉強するうえでとても大切**です。

こんなことは大人からすると、当たり前のようなこと、ほんの些《さ》細《さい》なことかもしれません。

でも、子どものやる気はこうしたほんの小さな障害物によって削《そ》がれてしまいます。

特に勉強ぎらいな子、勉強が苦手な子にとっては、非常に大きな心的障害物になっているることもあります。

雅弘くんに、「テキストに書いていいよ」と言うと、「えっ、いいの?!」と驚いて、逆に「なんで???」と聞いてきます。

「だって、いちいち問題文を書くのは面倒くさくない? それにノートに書いたところで、同じ問題は二度と解かないでしょ?」

こう答えると、「やった!」とうれしそうにテキストに解きはじめます。たったこれだけのことで、雅弘くんのやる気アップ(笑)

勉強することにはまったく変わりがないのに、です。

今まではその日にどれだけ勉強したのかがわかりにくかったのですが、テキストに直接解くだけで何ページやったのかが一目瞭然です。

授業が終わったあと、お母さんにテキストを見せながら、「今日、12ページも進んだんだよ!」と自慢していました(笑)

授業が終わるたびに、今日はどこまで進んだ、何ページできた、と2人で確認します。

テキストが終わりに差しかかると、あとどれだけで全部終わる、あと何ページ残っている、と確かめます。

(すぐ終えられるように薄いテキストを選ぶようにするのもポイントです。)

そして、一冊すべて終えられたら、家族でお祝いです。

「お母さん、一冊すべて終わりましたよ!」とテキストを見せて、その日の晩ごはんは雅弘くんの好きなおかずにしたり、夜にケーキを買ってきたり。

そうすると、問題を進めること、テキストを終えることに、スタンプラリーやゲームのような感覚で取り組めるようになります。

勉強を進めていくと、ときには同じ問題を何回かくり返し解いて、定着させたいときもあります。

そうしたいときには、その問題を別の紙に私が手書きで書いて、それを子どもに解いてもらいます。

同じ問題を何度も解くのがきらいな子でも、私が手書きで書いた問題なら文句も言わずに解いてくれます。

というより、むしろ喜んで解いてくれる子のほうが多いです。

手書きの問題を解くのって、子どもはうれしいみたいです。

小学生だけじゃなく、中学生や高校生でも「ねぇねぇ、問題作って！」とリクエストしてきます。

こうすれば、同じ問題をくり返し解けないというデメリットもなくせますから、一石二鳥です。


テキストに直接解くか？

ノートに解くか？

子どもの気持ちを中心にして考えてみると、教える側がひと手間加えながらテキストに直接解くことで、勉強を好きになれることが多いのです。

集中力を持続させる方法

勉強に関してのご相談で、「うちの子、全然集中が続かないんです」、「どうしたら集中力をつけることができるのでしょうか?」という質問をよくいただきます。

私が勉強を教えている子のなかにも、集中力がないと言われている子はたくさんいます。

集中が続く時間は30分が限界。だいたい10分か15分ぐらいで集中力が途切れる。そのくせ自分の好きなことに対してはいつまでも夢中になってやり続ける。

「その集中力を勉強にも活かしてくれればいいのに……」

そんな子が、私との勉強だけは2時間も集中しているのを見ると、驚く親御さんがいらっしゃいます。

「さすがですね〜!」、「どうやったらそんなふうにできるんですか?」なんてほめてもらえたりします。

実を言うと、この子の集中力が2時間もずっと続いているわけではなくて、**短い10分の勉強をつなげて2時間にしているだけ**なのです。

傍から見ていると2時間ずっと集中して勉強に取り組んでいるように見えますが、

細かく見ると、10分勉強して少し休憩、また10分勉強して少し休憩。これのくり返し。10分間だけなら集中できるとしたら、その10分間をフルに活用するのです。

集中力を高めることだけに限らず、子どもが苦手なことを向上させようとするときには、**今できていることを可能な限り活かす**ことを考えます。

今できることを、どうしたらよりうまく使えるか？

どうやったら次につなげられるか？

その方法をいろいろと考えて試してみます。

その前に重要なことは**負荷をかけ過ぎない**ことです。

子どもにしてみたら、苦手なことをするだけでも大変なのに、さらに負荷をかけられたら、すぐに嫌になってしまいかねません。

今できる範囲内でできることを探します。

集中力の続く限界が10分間だとしたら、それ以上はさせません。

集中力が10分しか続かないことがわかっているのに時間を延ばしたら、負荷がかかってしまいます。

そうさせないためには、わざと10分毎に集中を途切れさせたりもします。

小学5年生の太誠《たいせい》くんはレゴが大好きな男の子でした。

レゴビルダー（レゴの職人）になるのが夢で、レゴをはじめると食事もテレビもすべてを忘れて一日中でも没頭しています。

何日もかけて大作を作り上げることもあって、そのためリビングにレゴ用スペースが用意してあります。

しかし、その集中力も勉強になるとからっきしです。

大体勉強をはじめてから5分もたつとソワソワしはじめます。

ノートの隅にらくがきをしたり、頬を机につけて退屈そうにえんぴつを転がしたり。

ちょっと目を離すと、レゴスペースでレゴをいじりはじめてしまいます。

レゴが近くにあるとそっちに気を取られて集中できないのかと思い、レゴスペースをなくしたこともあったそうですが、効果はまったくなし。

どちらにしても勉強は10分が限界のようです。レゴがあろうがなかろうが勉強の時間は変わりませんでした。

私とはじめて勉強したときも同じでした。

はじめての家庭教師ということもあって、最初はがんばって勉強に取り組んでいましたが、10分ぐらいたつとなんだかソワソワしてきます。

えんぴつを動かす速度が遅くなり、辺りをキョロキョロと見回し、見るからに落ち着かなくなってきたことがわかります。

そろそろ限界かな、と感じたので太誠くんに話しかけました。

ちょうどレゴ用スペースをじっと見ていたので、「今、どんなのを作っているの?」と。

こうしたときの話題はなんでもいいのですが、なるべく気持ちが切り替わりそうな話題、子どもが乗ってきそうな話にします。

「今週のドラマ見た?」とか、「ゲームどこまで進んだ?」など、子どもが楽しく話せる話題です。

太誠くんもレゴの話になると目の輝きが違います。

「今はあんまりたいしたものは作ってないんだけど……」と謙遜《けんそん》しながらも、制作途中のもの、ひとつ前に作ったもの、今までで一番大きかったものなど、生き生きと話しはじめました。

太誠くんのレゴの話はこちらが止めなければいつまでも続くので、ある程度話を聞いて気持ちがリフレッシュできたと感じたら話を切ります。

「あ、ごめん、ごめん。せっかく集中して勉強していたのに邪魔しちゃったね。次、どの問題だっけ？」と話題を問題に移して、また勉強に戻します。

太誠くんはまだ話したそうですが、私が問題を指さして目線をテキストに落とせば、太誠くんもつられて勉強を再開します。

これでまた10分間集中できます。

この流れを5～6回続ければ1時間です。

1時間たったら、今度は少し長めに10分ぐらいの休憩を入れます。

こうした子は1時間ぐらいでしっかり休憩を入れないと、2時間は持ちません。

1時間続いたからといって欲を出してそのまま続けてしまうと、本格的に集中力がなくなり、「もうやだぁ〜っ！」、「やりたくな〜いっ！」ともとの木阿弥《もくあみ》です。

1時間勉強できたら10〜15分の休憩。ジュースを飲んだり、お菓子を食べたりしてお休みします。

そして後半戦。

また10分勉強して少し休憩、また10分勉強して少し休憩。

集中が切れる前にわざと声をかけるのがポイントです。

これを5回くり返せば、なんと2時間！


そして、もうひとつ大切なことは、**終わったあとの声かけ**です。

「やったね！　2時間集中できたね！」、「やればできるじゃん！」

このひと言が大事。

できたときに一緒に「やったね〜！」「できたね〜！」と喜べば、そのできた経験が記憶に残って、それが自信になります。

言葉にすることで、お互いにできたことを確認できて、達成感を持てます。

反対に、できなかったときにばかり、「あんたは集中力がないんだから」、「全然、集中できてないでしょ！」と声をかけていたら、できなかった経験ばかりが記憶に残ってしまい、自信を失ってしまいます。

結果、どんどん集中できなくなっていくことがあります。

もともと集中力のある子でもこの方法は有効です。

さすがに10分毎に声をかけると多過ぎですが、子どもの様子を見ながら集中が途切れそうだなと感じたところで小休憩を入れるようにします。そうすれば、無理して集中しなくても済むので精神的な負担を減らせます。

結果的に高い集中力を長く維持することができるのです。

こうした子どもたちを見ていると、子どもの集中力は周りの大人の影響によって大きく変わると感じます。

太誠くんも最初はここに書いたように10分しか集中できませんでしたが、３カ月後には休憩を取らなくても2時間集中して勉強ができるようになりました。

すると、学校の授業態度にも変化があらわれます。

50分の授業をじっと聞いていられるようになり、勉強についていけるようになりました。手を挙げて発言するようにもなり、積極的に授業に参加するようになったのです。

保護者面談のとき、お母さんが担任の先生からこんなことを言われたそうです。

「今学期、太誠くんはそれまでの太誠くんとは別人のようですよ。クラスのなかでも一番成長したと思います」

子どもの持つ集中力には生まれながらの違いがあります。

もともと集中が続きやすい子もいますし、注意力が散漫《さんまん》で集中の続かない子もいます。

ですが、周りの大人がどう関わるかによって、子どもの集中力は育てていけると感じています。

今できることを活用する

負荷をかけない

できたときの声かけ

この３つを意識して勉強のサポートをしてみてください。

目標があったほうが
やる気が出る？

「うちの子は目標がなくて」

「目標があれば勉強するようになると思うんですけど」

そんな言葉をよく聞きます。

確かに、目標を持つことでやる気が出て、自分から勉強しはじめることはよくあります。

実際に、そんな子を何人も見てきました。

ただ、そういった子ばかりではないということも考えておかなければいけません。

なぜなら、なかには目標があるとやる気をなくしてしまう子もいるからです。

目標があるおかげで、「失敗したらどうしよう」、「うまくいかなかったらヤダな……」と不安になる子がいます。

「やんなきゃいけないのかぁ～」、「面倒臭いなぁ～」と義務感を感じる子。

さらに、「もっと自由にやりたいのに」、「他のことをしちゃダメなのかな」と窮屈《きゅうくつ》に感じる子。

こうした子には、目標がないほうがかえっていいかもしれません。

もしくは、その子に適した目標を設定する必要があります。

目標があると不安になる子には、絶対に達成できるような小さな目標のほうが安心できるでしょう。

前回のテストが80点だったとしたら、「次のテストも80点を目指してみようか」、「今回はがんばり過ぎちゃったかもしれないから、次は70点ぐらいでいいよね」

そんな目標にしてあげると、のびのびと取り組めるでしょう。

それでもプレッシャーを感じてきたら、「2回も続けていい点取るなんて、なかなかできないことだから。取れなくても大丈夫」と、できなくて当たり前、という感じで声かけをすると気持ちが楽になります。

こうした子は、目標を追いかけている途中にも不安や心配を口にすることがあります。

「もしテストでミスしちゃったらどうしよう」、「私、すぐに忘れちゃうからなぁ〜……」

こういうときは無理に励ますよりも、「そうだね、ミスしちゃったらどうしよううねぇ？」、「お母さんも忘れっぽいから、その気持ちよくわかるわ」と気持ちを受け止めてあげたほうが子どもは安心します。

目標に対して義務感を感じる子には、「無理してやらなくてもいいよ」と気楽に感じられるような声かけをするとうまくいきます。

「たまには息抜きしてもいいと思うよ」、「ちょっと休憩してお菓子でも食べない？」こちらが少々のんきに構えていたほうがいいかもしれません。

さらに、こうした子は周りが思っている以上に「ちゃんとやらなきゃ」と努力していることも多いので、「いつもよくがんばっているよね」、「しっかりやっているのはみんな知っているよ」と努力を認める声かけをこまめにすると、モチベーションが維持できます。

目標を窮屈に感じる子には、すべてを決めてしまうのではなくて、自由にできる余裕を作ったほうがのびのびできます。

「次のテストは70点を目標にしようか。でも、他にもやりたいことがあるだろうから、そっちがやりたくなったらそれを優先していいよ」

「たまにはゲームをしてサボってもいいと思うよ」

私はこのようなことをよく言うようにしています。


こうした子は飽きっぽく、移り気なところがあるので、長い間同じ目標を持ち続けると目標自体に飽きてしまうことも。

だから、目標を持つなら短期的な目標を。もし長期的な目標を追わなければいけないときは、細かく中間目標を作るようにします。

それでも飽きてしまったら、さっさと新しい目標に切り替えるのです。

「一度決めたんだから、最後までやり通しなさい！」と、初志《しょし》貫徹《かんてつ》を目指すと余計にやる気を失ってしまいます。


このように、一律《いちりつ》に「目標があったほうがやる気は上がる」とは言い切れません。

目標の立て方ひとつでも、子どもによって同じではないところが難しいところ。

子どもに合った大きさ、子どもに合った長さ、子どもに合ったスタンスの目標を見つけてあげることが、子どもを勉強好きにするひとつのポイントです。

志望動機を見つける
話の聞き方

子どもが持つ目標のひとつに志望校合格があり、入学試験前にかならず『志望動機』が話題にのぼります。

中学校入試には面接があり、そこで志望動機を聞かれます。

そのため、入試前になると、子どもが「志望動機、どうしよう？」、「志望動機を聞かれたら、なんて答えたらいい？」と悩みはじめます。

本来なら志望動機があるから志望校を選ぶはずなのですが、実際にはさしたる志望動機もなく「なんとなく」「成績がそれくらいだから」という理由で志望校を選ぶことがよくあります。

そのため、先のように入試前に志望動機を考えなければいけなくなってしまいます。

では、志望動機がない子どもが志望動機を見つけるために、どうやって話を聞いていったらいいのでしょうか？

やってみると、これがなかなか難しいのです。

ただ単に、「どうしてその中学を選んだの？」、「その中学に行って、なにがしたいの？」と聞いても、「え〜……、別に……。特にない」といった返事が返ってくるだけです。

もともと考えていなかったことなので、わからなくてもしようがないのですが、それではどうにもなりません。

そんな場合、どのように聞いていったらいいのでしょうか。

まず、話をはじめる前に紙とペンを手元に用意します。

子どもが話したことをメモするためなのですが、ときどき子どもに「今、自分で話したことをメモしておきなさい」と言って、子どもにメモを取らせる大人がいます。やってみるとわかりますが、話しながら自分でメモを取っていくのは大人でも結構難しいものです。

志望動機を見つけることは、もともとないものを生み出していく作業ですから、子どもは話すことに専念し、メモはこちらが取ったほうがスムーズに進みます。

最初は、「中学に入ったらなにをしたい？」と聞くのですが、先ほど書いたように、多くの子どもから「えー、別にぃ〜……」という返事が返ってきます。

本当に「別にない」ので、正直な答えと言えば正直な答えです。

こんな反応だと、大人としては「『別にぃ〜』じゃなくて、なにかないの？」言いたくもなります。

しかし、そこをぐっとこらえてください。

なぜなら「『別にぃ〜』じゃなくて」と言ってしまうと、子どもから出てくる言葉を遮ってしまうので、次の言葉につながらないからです。

ここが、この会話での一番大切なポイントです。


こうした話をするとき、子どもから出てきた言葉やアイデアはどんなものでも遮ったり否定したりしません。

遮ったり否定したりしてしまうと、子どものなかに「言ってもムダだから言わない」という気持ちが生まれてしまいます。

なにを話してもいいんだ、という雰囲気を作らないと、子どもは自由に本当のことを話せません。

往々にして大人は自分が求めている答えから外れた意見を否定してしまいがちです。「そうじゃなくて」とか、「そんなんじゃダメよ」とか。

それが続いてしまうと、子どもは、「どうせなにを言ってもダメって言うんでしょ」と思ってしまい口を閉ざしてしまいます。当然と言えば当然ですよね。

子どもから話を引き出そうと思ったら、否定はご法度《はっと》です。

どんなにくだらない言葉でも、どんなにやる気のない意見でも取り入れてください。

取り入れたうえで「他にもある？」と聞きます。

そうすれば、子どもはなにを話してもいいんだ、と思ってくれるので、話すハードルが低くなり、次の言葉を出しやすくなるのです。

ですから、この場合の「別にぃ」もひとつの意見として受け取ります。

子どもが「えー、別にぃ～」と言ったら、やることはひとつです。

メモに『別に』と書きながら、「『えー、別に』かぁ～……。他にもなにかある？」と聞きます。

そうすると、子どもは「えぇ～?!」と少し驚いた表情を見せますが、その後、ほとんどの子どもは真剣に考えはじめます。

だって「別に」が意見として取り入れられた以上、それより悪い意見はありませんから、なんでもオッケーです。


ここからは子どもと一緒に考えるというスタンスを取ってあげればいいのです。

こちらは聞く人、子どもは話す人という区別はあまりせず、「なににしようかね～？」と声をかけて一緒に考えます。

それでもなかなか出てこない場合は、「嘘でもいいよ。だって、本当かどうかなんて面接の先生にはわからないんだから」、「『こんなんできたらいいなぁ～』とか『こんなんしたらおもしろいなぁ～』とかいう希望でもいいんじゃない？」と声をかけてさらにハードルを下げます。

嘘でもいいからと言うと、それにつられて話しはじめる子は多いです。

ただ、この「嘘でもいいから」という言葉も、先ほどのなにを話してもいい、という雰囲気を作っておかないとあまり効果はありません。

子どもに「嘘でもいいって言っているけど、お母さんが気に入る答えじゃないとダメなんでしょ」と思われてしまっては意味がありません。

「嘘でもいいよ」と言うと、どんな子でもポツポツと言葉が出てきます。

「ん～……、じゃあ、部活でいいや」

ひとつ出てきたら、その話を広げていきます。

「部活かぁ～、いいねぇ～。何部にする？」

こういうときは子どもが言った言葉をくり返してから、後ろに質問を加えます。

「楽なのがいいなぁ～、あんまり練習のないやつ」

「そうだよね～、楽なのがいいよね～。練習のない部活ってどんなのがあるかな？」

あくまで否定はせずに、子どもの話に乗っかりながら、話を膨《ふく》らませるための質問をします。

たとえば、子どもが「バスケがいい」と言ったら「バスケ、いいよね～。バスケでなにする？」とつなげますし、「美術部かなぁ」と言ったら「美術部、いいねぇ～。どんな絵を描こうか？」と話を膨らませていきます。

もちろん話が膨らまない場合もあります。

「バスケ部でなにする？」と聞いても、「え～っ、考えてないよ～」といった感じです。そんなときは焦らず、「そっか、考えてないかぁ。じゃあ他にはなにがいいかなぁ？」とまた一緒に考えるというスタンスに戻ります。

もし一緒に考えても、話が広がらなければ、別のことに移ってもかまいません。もともと「嘘でもいいんだから」と話しはじめていますから、膨らまなくても気にしません。

実際に子どもと話していると、ひとつアイデアが出てくると、そこから芋《いも》づる式にいろいろなアイデアが出てくることはよくあります。

たとえばこういった感じです。

「バスケ部でなにする？」

「え～っ、考えてないよ～」

そんなことを聞かれるとは思っていなかったので、最初はちょっと投げやりな感じで答えてきます。

「そっか、考えてないかぁ。なにがいいかなぁ？」と一緒に考えます。

「う～ん……、どうしよう……？」

「せっかくだからさ、先生受けしそうなやつにしない？」

「えーっ、じゃあ、部長になりたい、とか？」

「いいねぇ～」

「県大に出る、とか？」

「いいねぇ。ところで、その中学ってバスケ強いの？」

「知らない」

「あはははは。ってか、その中学にバスケ部はあるんだよね？」

「あるある。それは大丈夫」

「よかった。じゃあさ、どうやって部長になるか、どうやって県大に出るかを書こうか。そうしたら、なんかやる気がありそうな感じがしない？」

こうして話をつなげていくと次々に話が広がっていきます。

コートの掃除を毎朝する、とか、うまい先輩と仲よくなって教えてもらう、とか、必殺技を身につけるとか（笑）

スポーツマンガにありそうなストーリーになったりもします。

それらが十分出てきたところで、「じゃあ、これだけいろいろ出てきたらもう大丈夫じゃない？　そろそろこれをまとめて下書きしようか？」と、こちらが書いていたメモを渡します。

子どもはそこに書いてあるものをまとめて、志望動機の体裁を整えれば完成です。

メモをまとめて書いているときも否定はせず、「こうしたほうがいい」といったアドバイスは極力避けて、子どもが自分で書けるように促します。

子どもから聞かれた場合だけアイデアは出しますが、それ以外は黙って横で見ているだけのほうがいいです。

こうしていくと、もっともらしい志望動機ができあがります。

最後に、できあがったその志望動機が、子どもにとって納得できるものかどうかを確認します。

「これでどう？　いけそう？」と聞いて、オッケーならこれで終わりです。

書き上がったけれどもしっくりこないときは、もう一度はじめからやり直して別の志望動機を考えます。

このようにして納得できる志望動機が見つかると、それは子どもの自信になります。試験に対する不安が減って、面接本番でも胸を張って話すことができます。


志望動機を見つける聞き方のポイントは3つです。

一切遮ったり否定したりしないこと
一緒に考えるというスタンスでいること
こちらからの手出しは最小限にすること

こうした会話を何度かしておくと、子どもは志望動機の見つけ方を覚えられるので、その後の高校受験や大学受験、アルバイトの面接、就職活動でも活かせるようになります。

ぜひこうした機会に「志望動機を見つける聞き方」をしてあげてください。

教えずに教える

子どもに勉強への興味を持ってもらうためには、教えるときに工夫が必要です。同じことを教えるにも、どのように教えるかによって子どもの興味や関心は大きく違ってきます。

私がいつも意識するのは、「教えずに教える」ということです。教えずに教えると聞くと、なんだか変な感じがするかもしれませんが、このことに関して『未来を発明するためにいまできること』(ティナ・シーリグ著　高遠裕子翻訳／CCCメディアハウス刊）のなかに、マサチューセッツ工科大学のラウラ・シュルツ教授が行った興味深い実験が載っていましたので、ご紹介したいと思います。

4歳児を2つのグループに分けて、4本のチューブがついた新しいおもちゃを与えます。

このおもちゃのおもしろいところは、チューブがそれぞれ違った役割をするところです。

ひとつのチューブを引っ張ると鳴き声が出る、また別のチューブを引っ張ると小さな鏡に変わる、といった具合です。

第1のグループには、「床でこんなおもちゃを拾ったんだけど」と言って対象のおもちゃを見せます。

そして、偶然を装って1本のチューブを引っぱり、鳴き声を出します。

その鳴き声に驚いた顔をして、

「ねぇ、みんな見た?! もう1回やってみるね」と、同じことをやってみせます。

そして、そのおもちゃを子どもたちに渡して遊ばせるのです。

第2のグループには、まったく違う見せ方をします。

「新しいおもちゃがあるので、遊び方を教えます」と言って、わざと鳴き声を出すのです。

いわゆる典型的な先生の教え方。

そして、そのあと、同じようにおもちゃを子どもたちに渡して遊ばせます。

どちらのグループも、全員が1本目のチューブを引っぱり、鳴き声に笑い出します。

しかし、その後、２つのグループに興味深い違いが起きました。第２のグループはすぐにおもちゃに飽きたのですが、第１のグループはそのおもちゃでずっと遊び続けたのです。

鳴き声では飽き足らず、他のチューブも引っぱってみて、それぞれに隠された仕掛けをすべて発見しました。

この実験からわかることは、同じものを使って同じことを教えても、教え方によって子どもの興味や関心は大きく変わるということです。

その違いを作り出したのは、いかに「教えずに教えるか」。

そうすることで、子どもの勉強に対する興味や関心は強くなります。

勉強のきらいな子、勉強に興味を持たない子、勉強に関心のない子、こうした子は多くいます。

また、「夢や目標を持たない子どもが増えた」、「無気力な子ども、やる気のない子どもが多い」このように言われはじめてから久しいですね。

もしかすると、それは子どもが変わったのではなくて、この実験のように「先生の典型的な教え方」をする大人が増えていることが要因のひとつなのかもしれません。

もちろん、「先生の典型的な教え方」がすべて悪いわけではありません。実際、そうやって教えるといいことがたくさんあるのも事実です。

たとえば、子どもが早く、正しく学習できるようになります。

教えてもらったとおりにやればできるようになるので、時間がかかりません。すべてを教えてしまったほうが、時間は圧倒的に短縮できます。

つぎに、すぐにできるようになるので、子どもはうれしくなって「ありがとうっ！」と感謝をします。

子どもに感謝をされて嫌な気持ちになる大人はいません。

できるようになって子どももうれしいし、感謝されて大人もうれしい。いいことずくめです。

「お母さんのおかげでできるようになった」と言われるのはなんともうれしいものです。

最後は、子どもの力になれたことが実感できる、ということです。

お母さんの力によって子どもができるようになったので、子どもの力になれた実感が持てます。

子どもの役に立ちたい、力になりたいと強く思っている人なら、なおさらそれはうれしいことです。


反対に、「教えずに教える」方法だと、これらの３つは手に入りません。

子どもが自分で考えるので、できるようになるまでに時間がかかります。

「そうじゃなくて、こうすればいいのに」と言いたくなることもしばしば。

また、子どもは自分でできるようになったと思っているので、感謝することはありません。

事実、私はあまり子どもから感謝されていません。子どもからは「先生がいなくてもできるし」とよく言われます。

そして、子どもが自分の力でできるようになるので、子どもの力になれたという実感も少ないです。

さらに、間違える可能性も高くなります。ちゃんと教えられていれば起こらなかったような失敗をすることもあります。

こちらが望んだような結果が得られるかどうかもわかりません。
と言うより、むしろ、こちらが思ったような結果にはならないことのほうが多いです。

懇切丁寧《こんせつていねい》に、1から10まですべて教えたほうがいいことはたくさんあるのです。
事実、親切で真面目《まじめ》な人、ちゃんと教えたい人、間違いや失敗をさせたくない人、よりよく子どもを成長させたいという気持ちの強い人、そういった人に「典型的な先生の教え方」をする傾向が強いように感じます。

ただ、前述した実験にあるように、それをしてしまうと、勉強は教えてもらったことをなぞるだけの非常につまらないものになりかねません。
発見も驚きもなく、先生から与えられるだけのものになってしまいます。

私たち大人が、ちゃんと教えたい、間違えさせたくない、子どもの役に立ちたい、という目の前の欲求を抑えて、いかに「教えずに教えるか」。

教える量を極力少なくして、子どもが自分で考えて見つける量を増やす。そうすることで、子どもの興味や関心を刺激することができるのです。

子どもはもともと好奇心旺盛《こうきしんおうせい》ですし、やりたがりです。大人が余計な手を出さなければ、気力も、興味も、関心も、やる気も伸ばしていきます。

もしお子さんに勉強の興味・関心が少ないと感じたら、子どもに教え過ぎているところはないかとふり返ってみるのもいいかもしれません。

第3章

自分から勉強する子になれば、成績はかならず上がる

母性と父性のバランス

前章まで、子どもを勉強好きにするにはどのようにすればいいのか、どうしたら子どもが勉強を好きになるのかを書いてきました。

この章では、**子どもが自分ひとりで勉強ができるようになるために、どのように子どもから離れていくか**をお伝えしていきます。

あなたのお子さんも今はまだ手のかかる時期かもしれませんが、子どもはかならず大きくなります。

子どもが中学生以上になったら、勉強に関しては必要以上に親が関わらないほうがうまくいきます。

子どもから求められたときには必要に応じて答えますが、求められてもいないのに口や手を出すと余計なトラブルのもとです。

中学生以上になったとき上手に距離を保つためには、小学生のうちにその準備をして、卒業時にはひとりで勉強ができるようにしておく必要があります。

今の子どもは成長が早いので、小学4年生ぐらいから思春期がはじまる子もいます。自分ひとりでやりたいことが多くなり、隠し事も増えてきます。

そうした時期に合わせて、**勉強面でも親のほうから手を放していく**のです。

子どもから離れていくときに必要になるもの。

それは、**母性と父性の適度なバランス**です。

この2つのバランスは、勉強面に限らず、子どもの成長とともに意識しなければいけないことのひとつです。

注意してほしいことは、ここで言う母性と父性とは、母親と父親という意味ではなく、ひとりの人間が持ち合わせている2つの感情をさしています。

世の中には、父性の強い母親もいますし、母性の強い父親もいます。

多かれ少なかれ、人には母性と父性の両方が兼《か》ね備《そな》えられていますので、母親・父親の役割と考えるよりも、母性・父性と捉《とら》えたほうが考えやすいでしょう。

母性とは、子どもを優しく受け止め、保護し、包み込む性質をさします。

母性は危険から子どもを守って、安全安心を作り出そうとします。子どもを守りたいという本能から、危険な目に遭わせないようにと思うからです。

母性を感じるから、子どもは安心して成長することができるようになります。

ですが、それが強く出過ぎると、傷ついたり、失敗をしたり、つらい思いや苦労したりすることから、必要以上に子どもを遠ざけようとしてしまいます。

しかし、困難や壁が立ちはだかったとき、親に取りのぞいてもらうことが長く続いてきた子はそれに慣れてしまって、常に誰かがなんとかしてくれるのを待ってしまうようになります。

物事がうまくいかないと「周りがなにもしてくれないせいだ」と考えるので、他人のせいにし、文句ばかり言う大人になるのです。

打たれ弱い、困難に立ち向かえない、困難を乗りこえられない、壁が立ちはだかるとすぐにあきらめてしまう。

これらは、母性に守られ過ぎた子どもの特徴のひとつです。

反対に、父性には、子どもに自立を求め、強く接し、距離を取ろうとする性質があります。

ひとり立ちするための知識や経験を得るため、自分で体験し、経験することをさすめます。

そして、子どもが失敗を経験し、傷つき、つらい思いや苦労をすることが自立への糧《かて》になると考えます。それらは、子どもを強くするため、子どもの能力を伸ばすために必要な、通過儀礼《つうかぎれい》であることは確かです。

ところが、「親が近づくと子どもに依存心が生まれてしまうのでは」と恐れ、近づくことを躊躇《ちゅうちょ》してしまい、必要以上に距離を取ってしまうことも。

そのままだと子どもが助けを求めているときや、自分ひとりではどうにもできなくて苦しんでいても、その状況を見逃しがちです。事態が悪化し、気がついたときには子どもひとりでは抜けられなくなっていることも多くあります。

さらに、子どもが「距離を取ること＝自分に関心がない」と感じ、愛情をうまく受け取れなかったことが原因で心が不安定になることもあります。非行に走ったり、友達をいじめたりする傾向は、そういった子に多く見られるものです。

行きすぎた自立心の押しつけは、友達と協力できない、仲間を信頼できない、といった希薄《きはく》な人間関係の形成につながってしまいます。

母性と父性、どちらにも一長一短があります。役割としてはどちらも重要ですが、なにより大切なのはそのバランスです。

ここではひとりで勉強ができるように子どもをサポートすることをテーマにしているので、母性だけでなく父性の必要性を意識してください。

なぜなら、子どもから離れてしまうと外敵から守れないため、母性はそもそも子どもから離れること自体が苦手だからです。

どこで手を出すか、ではなく、どこで手を引くか。

思春期に入るころ、うまく離れることができなかったお母さんは、よくこんなことをおっしゃいます。

「だって、私が言わなきゃいつまでたっても勉強しないんです。でも、私が一緒にやればやるんですよ」

勉強させたい一心から、「お母さんが見てあげるから一緒に勉強しよう」と声をかけてしまうのです。

確かに、それまで一緒に勉強してきたので、「一緒に勉強しよう」と言えば、やるでしょう。

しかし、それを続けてしまうと、子どもはいつまでたってもひとりで勉強ができなくなってしまいます。

子どもひとりで勉強させても、最初はうまくいかないことも多いです。

ちょっとやったらすぐに飽きてしまって、だらだらと机に向かっているだけ。しばらくするとゲームをはじめてしまうかもしれません。

でも、そうした経験をしなければ、ひとりで勉強できるようにはならないのです。


昨年、中学2年生・直生《なおき》くんのお母さんが、「中学2年生になってから全然勉強しなくなったんです」と相談に来られました。

まさしく先に書いたような親子関係でした。

自分ではやらないけれど、「一緒にやろう」と誘えばやるので、中学1年生まではお母さんが一緒に勉強して、お母さんが教えてきました。

しかし、中学2年生からは勉強が難しくなってお母さんでは教えられなくなり、さらに思春期特有の反抗がはじまったため、一緒に勉強できなくなりました。そのときから、勉強しなくなったようです。

「どうしたらいいんでしょう？」という相談でした。

中学2年生ということは、手放す時期を完全に逃してしまっています。こうなると少々やっかいです。

直生くんは今まで勉強はお母さんがなんとかしてくれていたので、依存心が強く、誰かがなんとかしてくれる、と心のどこかで思っています。

とは言え、思春期なのでお母さんには頼りたくないし、親の言うことを聞きたくない。

今までお母さんと2人でやっていたので、ひとりでは当然できない。

というより、勉強はひとりでやるものだ、という自覚がない。

ないないづくしの八方ふさがりです。

直生くんのお母さんもそうでしたが、このような母子関係の場合、母親は母性の塊のような方が多いです。

父性を前面に出すことがそもそも難しいのです。

これはあくまで私の経験からの見方ですが、母親が母性の強い人の場合、父親は父性の強い人であることが多いです。

ですから、こういう場合は父親に協力していただくと、うまくいくことが多いです。

要は母性と父性のバランスが重要なので、家族全体でそのバランスを取りさえすれば解決されます。ひとりでバランスを取ることにこだわらなくても、持っている特性を家族全員でおぎない合う。それでいいのです。


直生くんの場合も、お父さんに協力していただきました。

それまで、お父さんが「放っておけばいいんだよ」、「お前が口を出し過ぎなんだ」と言っても、「あなたはなんにもわかってないくせに」と耳を貸さなかったお母さんも、ここまで来ると父性の必要性を強く感じました。

話し合いをして、勉強に関してお母さんはタッチせず、お父さんの担当になりました。

最初は誰も「勉強しなさい」と言わないので、テスト前でもまったく勉強しませんでした。

さんざんな点数のテストが返ってくると、直生くんは「落ちるところまで落ちた」

と言って、最初は母親に泣きついてきました。ですが、「もうお母さんでは教えられないから、お父さんと相談して」とお父さんにバトンタッチ。

そこで、お父さんと相談をして塾に行くことを決め、探しはじめました。お父さんが休みの土日を使い、親子３人で塾を回って、体験授業を受け、気に入った塾をひとつ決めました。

ご相談を受けてから半年ほどたって、ようやく自分で勉強するようになり、徐々にではありますが成績が上がってきました。

ふり返って、お母さんは、「中学になって、子育てをもう一度やり直した感じです」とおっしゃっていました。

子どもからどうやって離れたらいいのかわからないで戸惑う気持ちは、母性にかたより過ぎている証のようなものです。

子どもを自立させてあげるために、小学校の高学年の時期には、自分の父性を見直したり、父性の強い人の意見を参考にしたりしながらバランスを取るようにしてください。

失敗から得られるもの

子どもがひとりで勉強ができるようになっていく過程で、ひとつお願いがあります。

子どもに、失敗の経験をたくさんさせてあげてほしいのです。


失敗によって得られるものには限りがありません。失敗したからわかること、失敗したから気がつくこと、失敗したから学べることがたくさんあります。

もちろん、失敗からなにを得るのか、また、そもそも得ることができるか否かは本人によります。

ですが、子どもにとって貴重な学びの機会であり、成長のきっかけであることに違いはありません。


現代過去問わず、偉人や成功者の伝記を読むと、かならず大きな失敗を経験しています。

そして、その失敗があったからこそ新たな学びがあり、その後の成功があるのです。

きっとあなた自身、これまでの人生をふり返ってみても、「あのときの失敗があったからこそ、これが得られた」というものがあるのではないでしょうか。

蛇足《だそく》かもしれませんが、参考までに私の失敗談をここに書きたいと思います。

私は小中高とまったくと言っていいほど勉強してこなかったので、勉強に関しての失敗談には事欠きません。

正月に家族で集まったときなどは、兄姉全員から「隆司《たかし》は本当に勉強しなかったよね～」としみじみ言われるほど。

「そうかなぁ～?」と答えたら、兄姉が口をそろえて、「そうだよ! 何度言ってもやらないからみんなあきれていたんだから!」と言い返されました。

末っ子の私は兄姉からそう言われてしまうと、なにも言い返せませんでした。

✼小学校での失敗

とりわけ小学生のときは勉強しませんでした。

家で教科書やドリルを開いた記憶がありませんし、学校の宿題も一切やりませんでした。

かろうじて長期休暇（春休み、夏休み、冬休み）の宿題をやったぐらいです。

そんな私の一番の失敗は、漢字をやらなかったことです。

正直な話、今でも漢字は大の苦手。漢字を知らなくて恥ずかしい思いをしたことは数え切れません。

とくに、塾に就職したときには、漢字を間違えると、生徒からは冷ややかに馬鹿にされました。

親御さんから直接言われることはありませんが、「あの先生、こんな漢字も知らないのね」と家で言われていたようです。

どれだけ数学や英語ができたところで、漢字を間違えると信用されないということを知り、やってこなかったことを後悔しました。

私のように漢字を苦手としている方ならわかってもらえると思いますが、偏《へん》やつくりが同じ漢字は要注意です。

「間」「関」「門」はよく間違えていました。

「険」「剣」「検」「倹」「験」は気をつけなければいけない漢字の筆頭です。

「剣」と「験」はなんとかわかるのですが、「険」「検」「倹」は実際に書いてみても、どれも合っているような、間違っているような……。疑い出すと余計にわからなくなってしまいます。

結局、毎回辞書を引いて調べていました。

それまでは「なんでこんなにいっぱい漢字があるの？　英語だったらアルファベットだけでいいのに」なんて文句を言っていたのですが、塾に勤めていると、そんな文句は子どもが言うセリフで、教える側の私が言ってはいられません。

塾に勤めるようになってから、休み時間に生徒の漢字ドリルを使ってこっそり漢字練習をしていました。

でも、そのおかげで漢字ぎらいの子の気持ちがよぉ〜〜〜くわかります。

「漢字なんてなくていいのに！」と言いたくなる気持ちが痛いほどわかります。

「そうそうそう！　そうだよね！」と心の底から賛成できます（笑）

彼らの気持ちにきちんと寄り添えるのは、私自身が失敗をくり返していたからです。

そのためか、今まで教えた子の中には、漢字が大きらいだったのに漢字検定に挑戦する子、漢字テストではいつも1〜3点だったのに、高得点を取れるようになった子など漢字ぎらいを克服した子が多くいます。

もし失敗がなかったら、このような結果へ子どもたちを導くことはできなかったでしょう。

✻中学校での失敗

中学生のとき、漢字よりもさらに苦手だったのが英語です。

今でも覚えていますが、1年生の最初のテストで、「N」を「И」と書いていました。

これは鏡文字とかではなくて、小文字が「n」なら大文字は「И」だと信じ込んでいたのです。

英語は中学1年生の最初から苦手で、漢字と並ぶくらい大きらいだったので、中学時代、英語はまったく勉強しませんでした。

三単現を理解できたのも高校3年生です。そもそも三単現が三人称・単数・現在の頭文字だということを知ったのもそのころ。それまでは三単現がなにを意味するのかもわかっていませんでした。

英語の勉強は避けに避けてきたのですが、大学受験をするにあたって、いよいよ避けられなくなりました。

父の方針で、私は国公立大学へ行くことしか許されませんでした。

当時の科目数は、5教科6科目（理科のみ2科目）が必要でした。

当然英語は必須科目。現役で受験したときは箸《はし》にも棒《ぼう》にもかからない点数で、どこの大学にも引っかかりませんでした。

どうにもこうにも逃げられなくなった私は、浪人の夏休みのすべてを英語の勉強に費やしました。

予備校の自習室が開く9時から昼休憩を挟んで20時まで、1日10時間、夏休み中は英語だけを勉強したのです。

すると、それまでは私大模試でも偏差値25～35の辺りをウロチョロしていたのが、夏休み明けには英語の偏差値が65まで上がったのです。

長文の意味が読み取れ、ちゃんと考えて答えを書いたのを覚えています。

理系3教科（英数理）で全国200位以内に入り、予備校内で配られる模試ランキングに「オオツカタカシ」と名前が載りました。

このとき、「勉強すれば成績って上がるんだ」と実感できました。

勉強すれば成績が上がるなんて当たり前のことかもしれませんが、それまでそうした経験がなかったのでわからなかったのです。

しかし、実は意外に多くの子どもがこの事実を経験しないまま成長しています。

今、私が家庭教師をしていて、「大丈夫です。できるようになります」と断言できるのは、このときの経験があるからなのです。

あれだけ英語ができなかったのに、できるようになったのです。

「N」も書けず、三単現もわからず、ついでに告白すると副詞、形容詞、分詞、不定詞などの意味も知らなかった私でもできるようになったのです。

「それならやってできない子なんていないんじゃないか」、そう思うのです。

今まで教えた子のなかには、私と同じように英語が苦手、大っきらい、見るのも嫌、という子がたくさんいました。

三単現の「s」と複数の「s」の違いがわからない。

be動詞と一般動詞の区別がつかない。

主語がなにかわからない。

動詞ってなに？　前置詞ってどれ？？　冠詞ってなんのこと？？？

そんな子がいっぱいいいました。

でも、そんな子にも心の底から「大丈夫。できるようになるから」と言えるのです。それは自分自身の経験があったからです。

あんなにチンプンカンプンの状態でも、やればできた。だったら、誰でもできるようになるはず。心からそう思えるのです。

✻高校・大学での失敗

高校・大学、思春期真っ盛り。ご多分にもれず、私も色づきはじめ、好きな女の子とつき合いたいなぁ〜と思いはじめました。

男性ファッション誌を読んで、服を買い、おしゃれな店を探し、流行をチェックしていました。

でも、さっぱりモテませんでした。

「なんでモテないんだろう？」、「どこがいけないんだろう？」と服を変えたり、髪型を変えたり。

なぜモテなかったかは、あとになってよ～くわかりました。中身がなかったからです。そのころは、外見さえ整えればモテると勘違いしていました。

服装や髪型ばかりに気を取られ、内面を見つめることは一切しませんでした。思い返せばそのころの私は、全然勉強しない、スポーツもやらない、一生懸命に打ち込んでいるものもない。

優しくもなければ強くもなく、おもしろくもない。

そんな私がモテるわけなかったのです。

「内面を磨かなければモテないんだ」と気がついたのは、その10年以上もあとのこと。

ふり返ると痛々《いたいた》しい思い出ですが、もしもあのころ、少しでもモテていたら、その後も見た目ばかりを追って大事なことを見落としていたかもしれません。今ごろは、痛々しいオジサンですね（笑）

その反動なのか、今は勉強するのが好きです。本を読んだり、セミナーや講演会に行ったり、勉強会に参加したり。

勉強すること、内面を磨くことに時間と労力を注いでいます。

そうした時間を持てるのは、高校大学とチャラチャラとムダに過ごしたからです。あの経験があるからこそ、今ある時間を大切にしようと思えるのです。

＊社会人での失敗

勉強とは話が離れてしまうのですが、ついでに社会人になってからの失敗もひとつお話ししましょう。

社会人になってからのはじめての失敗は遅刻でした。

大学を卒業して、最初に就職したのは食品メーカーの営業職。

毎日、トラックで得意先を回り、担当者さんと商談をして、トラックに積まれた商品を売ってくる。これが私に任された仕事でした。

ですが、まだ学生気分の抜けなかった私は、時間の感覚が甘かったのです。

渋滞に捕まって、商談の時間に10分ほど遅れてしまったのですが、私はたいして悪びれもせず、「すいませ～ん、遅くなりましたぁ～」なんてのんきに入って行ったのです。

そうしたら、「どういうつもりだ！」と担当者さんの怒りのひと声。

びっくりした私はひたすら謝り続けたのですが許してもらえず、「もう来るな」のひと声で追い返されてしまいました。

その後、自社の所長と再度謝りに行き、なんとか取り持ってはもらえたのですが、一度失った信頼を取り戻すことはできず、売り上げはガタ落ちです。

私が担当する前は大口の顧客だったため、以前との落差は大きかったです。

それから、昔のような関係性に戻ることはありませんでした。

この失敗により、社会では時間にルーズな人はすべてにおいてルーズだと思われてしまうこと。時間を守らないだけですべての信頼を失ってしまうことを学びました。

ふり返ってみれば、私は子どものころから時間にルーズで、宿題の提出期限は守らないし、友達との待ち合わせにも平気で遅刻する子どもでした。もっと早く気づいていれば、こんなに手痛い思いをしなくても済んだのかもしれません。

それまでも「時間は守りなさい」、「遅刻はするな」とさんざん言われてきていたのですが、実際に失敗をして痛い目をみてはじめてその教えの重みを実感しました。

さて、小学校からの失敗を思いつくままに書いてきましたが、まだまだ書き出したらキリがないほどたくさんの失敗談が私にはあります。どの失敗も思い出すと後悔や恥ずかしさがこみ上げてくるものばかりです。

ですが、どの失敗にも、「あの失敗があったからこそ、今がある」、「あのときに失敗したから、このことに気づけた」と思えるものがあります。

成功から学ぶことと同じように、失敗から得られる学びも多くあります。

私自身は、むしろ、成功よりも失敗からのほうが成長は大きいのではないかと感じています。

失敗は人を強くします。
失敗は人を優しくします。
失敗は人を寛容《かんよう》にします。

失敗は人をかしこくします。
そして、失敗を経験すると感謝の気持ちが生まれます。

学生時代は安全に失敗ができる時期です。学校や地域や親に守られながら、安心して失敗ができるときなのです。学生時代にいろいろな失敗をし、そこから多くの学びを得て社会に出て行ってもらいたい。

成功したとか、失敗したとか、そのこと自体よりも、そこからなにを得たかのほうが重要だと思うのです。

子どもが多くのものを得て、多くのことを学べるように。
たくさんの成功や失敗を体験するために。
そのために、先回りせず、自由に経験できる環境を作ることが、私たち大人の役割なのではないでしょうか。

「やる、やる！」と口ばかりなときは

「いつも『やる、やる！』って口ばっかりで、一向《いっこう》にやらないんです」

勉強しない子どもに手を焼いている親御さんからよく聞くセリフです。

親：「宿題やったの？」
子：「ん？　あとでやるから」
親：「明後日からテストだけど、ちゃんと勉強やってんの？」
子：「もう、やるからほっといて！」

こんな会話はよく聞かれます。

子どもの「あとでやるから」、「やるからほっといて」という言葉に対して、なんと言えば彼らは本当に自分からやる子になるのでしょうか？

『やる、やる』っていつやるのよ?!」、「そんなこと言って結局いつもやらないでしょ。今、やっちゃいなさい！」と、応える親御さんは多いです。

しかし、これでは子どもはやろうという気持ちにはなりませんし、やらなきゃいけないという義務感がいっぱいになってしまって、ますます勉強ぎらいになってしまいます。

こんなとき、子どもは「やろうと思っていたのに、言われたらやる気がなくなった」というセリフをよく使います。

じゃあ、親がなにも言わずにいれば自分からやったのかと言うと、それはなんとも言えませんが、少なくともやる気がなくなった、やる気が削がれたというのは本当かもしれません。

これは大人も一緒。

やんなきゃいけないよなぁ〜、と思っているところに「もうやったの?」、「いつやるの?」と急かされれば、「わかっているよ、そんなこと」、「今やろうと思っていたのに」と言い返したくなりますよね。

言われる前より「やんなきゃいけない」という焦りは増えるかもしれませんが、「やりたい」という気持ち、すなわちやる気は減ってしまいます。

大切なのは子どもを勉強好きにすること、勉強に対してプラスの感情を持たせることです。

誰にでも、やろうと思っているけれどもできないこと、やんなきゃいけないってわかっているけれども先延ばしにしちゃうことってありますね。

ダイエット、禁煙、禁酒など。

私の原稿だってそうです（笑）

この原稿も編集者さんに毎週送ると言っておきながら送れていません。

もしそんなときに編集者さんから、「大塚さんっていつも『やる、やる』って口ばっかりで一向にやらないですよね」、「どうせやらないんだから、今やったらどうですか」なんて言われたら、すごいショックで落ち込むと思います。

当然、やる気なんて出ません。

それが何回も続いたとしたら、原稿を書くこと自体が本当に嫌になってしまいます。

でも、そんなときでも、「書こうと思ってくれているのはわかっていますよ」、「できないときだってありますよ」、「がんばって書いているのを知っています」と言ってもらえたら、「期待してもらっているんだから、ちゃんとやろう！」とやる気になります。
（本当にできるかどうかは、また別の話。）

子どもが言う、「あとでやるから」、「やるからほっといて」という言葉も捉え方によって変わります。

「やろうと思っているんだね」とも受け取れますし、「〝今〟はやりたくないんだよね」、「やろうと思っていてもできないことってあるよね」とも捉えることができます。

大人がこのように捉えてあげれば、勉強に対して嫌な感情が増えることはないでしょうし、もしかすると、次は言われる前にはじめるかもしれません。

私たちが子どもの言葉をどう捉えて、どう言葉かけをするかで、子どものブレーキになるか否かが決まってきます。

ただ、セミナーなどでこうしたお話をすると、「でも、うちの子は言われなきゃやらないんですよ」、「私が言わなきゃ自分からは絶対にしません」という意見がかならず出てきます。

もし本当にそうなのであれば、**すぐにでも言わないようにすることをおすすめします。**


子どもがやらないから親が言うのか？

親が言うから子どもがやらないのか？

これはニワトリが先か、卵が先か、という論争と同じで考えてもキリがありません。

子どもが勉強しないという状況を変えたいのならば、どちらかがゆずるしかありません。

それをそのまま続けてしまうと、ますます言われなければやらない子にしてしまうからです。

もし、言われなくても自分から勉強してほしければ、どちらかが変わるしかないのです。

親からすれば、「子どもが自分から勉強すれば、親は言わなくても済む」と思われるかもしれませんが、それが見込薄なことはご存じのとおりです。

急かして子どもが変わることを期待しても、いつになるのかわかりません。

もしかするとそのまま、誰かに言われなければなにもできない大人になってしまうことだってありえます。

現に、今の社会はそういった大人であふれているでしょう?


それを変えたいのであれば、変わるのはこちらから。私たち大人が先です。

言うのをやめたからといって、すぐに子どもが勉強しはじめるわけではありませんが、少なくともやらされ仕事ではなくなります。

勉強は嫌なもの、きらいなこと、という感情は増やさずに済みます。


あなたのお子さんが、「やる、やる」って口ばっかりでちっともやらない、というお子さんだとしたら、少し気持ちを切り替えてください。


「やろうとは思っているんだ」

「〝今〟はやりたくないだけだよね」

「やろうと思っていてもできないときってあるよね」

このような気持ちを持って声をかけてあげてください。

自分からやる子への第一歩はそこからはじまります。

「できている」を見つける

勉強に限ったことではありませんが、子どもと関わるときに大切なのは、子どものどこを見るか？　そして、それをどう捉えるか？　ということです。

それによって、子どもの感情も行動も大きく変わってきます。

先日、それをあらわす象徴的な出来事がありました。

小学6年生の健也《けんや》くん、そして彼のお母さんと一緒にアイススケートに行ったときのことです。2人ともアイススケートをするのは生まれてはじめてでした。

なにからなにまではじめてづくしの健也くんに、お母さんはリンクに入る前からいろいろと声をかけています。

「ほら、靴が反対でしょ」

「靴ひもをきつくしばらないと滑っているときに脱げちゃうわよ」

「ほら、気をつけないと転んじゃうから注意して」

「ちゃんと手すりを持ってないと転ぶからね」

最初は親子ともに氷の上で立っていることもままならないので、しばらくは手すりにつかまってじっとしていました。

しばらくすると、健也くんは手すりにつかまりながら前に進みはじめました。

するとお母さんはすかさず「ちゃんと手すりを持ってね。気をつけて」と声をかけます。

健也くんはときどき手を放して滑ろうとするのですが、手すりから手を放した途端に転んでしまいます。するとすぐにお母さんが注意をします。

「ほら、ちゃんと手すりを持ってないと転ぶって言ったでしょ！」

健也くんは「もう、うるさいなぁ！」と言い返しながらイライラしている様子で、なんともおもしろくなさそうな顔をしています。

私はそばで2人の様子を観察していましたが、お母さんが休憩したところで健也くんに近づいて声をかけました。

子どもになにかを上達させたいとき、私はできていること、うまくいったことを見るようにします。そして、それが自信につながるようにタイミングよく声をかけるのです。

ですから、転んだときには声はかけず、見て見ぬふりです。

その代わりに、ひとりで起き上がったときに、「おっ！　ひとりで起き上がれたじゃん！　その調子、その調子」と声をかけます。

そうすると、ひとりで立ち上がったことに焦点が当てられますから、できていることに目を向けられます。

転んでもひとりで起き上がれるという自信がつきます。

手すりにつかまりながら前に進めるようになったので、「そうそう、手すりがあれば進めるよね」とできているところを見て声をかけます。

健也くんは周りで滑っている人たちをお手本にしながら、見よう見まねで滑りはじめました。手すりから手を放して、少しずつ滑る距離が長くなっていきます。

「そうそう、そんな感じ。大分滑れるようになってきたね」

健也くんの表情も笑顔で楽しそう。前半とは打って変わって上機嫌です。

その間にも何回も転んで、尻餅をついたり、他の人とぶつかったりもしましたが、そうしたことには目を向けません。

できているところだけを見て、自信が持てるように声をかけます。

結局、1時間ほど滑って帰りましたが、帰り道で健也くんは「おもしろかった！」、

「また来たい！」、「次は一周滑れるようになりたい！」とやる気満々で帰りました。

健也くんの初アイススケートはまずまずの成功に終わったようです。


このことからわかるのは、目の前で起こっている出来事には変わりがなくても、その出来事をどの角度から見るかの違いで、起こった出来事の意味合いが変わってくるということです。

健也くんがアイススケートをやっているのを見て、大人ができていないところばかりを見ると自信にはつながりませんし、あまり楽しくない経験になってしまいます。

健也くん自身も「大変だった」、「転んで痛かった」、「もうこりごり」という感想を持つかもしれません。

ですが、同じ出来事でも、
・苦労しながら靴ひもを結べた
・手すりにつかまれば立てるようになった
・手すりがあれば前に進める
・転んでもひとりで立ち上がれる

・少しずつだけど滑る距離を延ばすことができたと、できているところを見れば、自信につながっていきますし、楽しく成長できた経験になります。

自信は向上心につながり、やる気を生み出します。

〝子どものできているところを見るといい〟とは、よく言われることですが、それはうまくいっている出来事を見ることだけではありません。

どんなにうまくいっていないような出来事でも、かならずできている部分はあって、それをどう見つけるかが大切なのです。

周りの大人からできているところを見てもらえたら、子どものやる気は上がります。認められたと感じられますし、やればできると自信を持てます。

勉強も同じです。成績のいい子だからできていることがあるわけではなくて、成績の悪い子にもできている部分がかならずあります。

この健也くんは算数が大きらいで、問題を解くのも考えるのも見るのも避けたいぐらいです。

一学期に12回、ドリルを学校に提出しなければならない時期があるのですが、そのときも問題を解くつもりはまったくなく、答えを写すだけでした。

お母さんからしてみたら、最初から問題を考えようともせずに答えを写す健也くんからは、やる気など微塵《みじん》も感じられなかったのでしょう。

「うちの子はまったくやる気がない」、「自分からはなにもやろうとしない」とおっしゃっていました。

しかし、見方を変えれば、できているところもたくさんあります。

少なくとも課題は出そうと思っている。

提出期限に間に合うようにやっている。

先生が読めるよう、丁寧《ていねい》に字を書いている。

こういったことが自信につながるように、「おっ！　言われなくても課題やっているんだ」、「期限に間に合いそうじゃん」、「字がきれいになったね」と声をかけることもできます。

私が関わりはじめた6月ごろは、答えを写して提出することが当たり前になっていたのですが、できているところに目を向けた声かけをしていったら、少しずつ算数が好きになって、自信が持てるようになっていきました。

「俺、算数がわかるようになってきた」、「算数なら授業を聞いていればわかる」と言っています。

今は、私が「ドリルやろうか」と声をかけると、まったく嫌がらずにドリルを持ってきます。

自分で解きはじめて、解答を見るのは答え合わせのときだけです。ほんの数カ月で取り組む姿勢が大きく変わりました。

健也くんに限らず、目の前に起こる出来事は変わらなかったとしても、私たち大人が、子どものどこを見るか？　そして、それをどう捉えるか？

それによって、子どもは大きく変わってくるのです。

どこで手放すか

お子さんの学年が上がっていき、思春期に移っていくにつれて、勉強に関しての子どもへの接し方も変えていかなければいけません。

子育てにおいて、思春期の子どもに関わるとき、親は「手放すこと」「見守ること」が大切だと言われます。

では、具体的にどうすれば「手放すこと」「見守ること」になるのか？

お母さん方から、「っていうことは、子どもにはなんにも言うなってことですか？」、「どうなっても、なにをやっても放っておけってことですか？」こんな質問を受けることも多くあります。

ここでは、「手放すこと」とはどういう順序で、なにを手放していくのかを考えていきましょう。

そのためには、子どもの成長に沿った親の関わりを見ていくとわかりやすいです。

乳児期の子どもは、親の庇護《ひご》のもとに生きています。すべてにおいて主導権が親にあります。

考える（親）→決める（親）→やる（親）→責任を取る（親）

幼児期〜6歳までの子どもは、だんだんと自分でやりたがるようになります。親が最初に手放すのは「やる」という部分です。

考える（親）→決める（親）→**やる（子ども）**→責任を取る（親）

小学生〜思春期になるころには、子どもはやることを自分で決めたがるようになります。

「こっちとこっち、どっちがいいの？」、「これとあれ、どっちにする？」こういった質問をして、子どもが決めたほうをやらせてみる、という時期です。

考える（親）→**決める（子ども）**→**やる（子ども）**→責任を取る（親）

自分で決められるようになってきたら、勉強に関して親が手放す時期に入ったと思ってください。

学校の宿題になにを出すのかを考えているのは先生なので、親も子も「考える」ことはできません。

ですが、「決める」ことはできます。いつやるのか？　はたまた、やるのかやらないのか？

もちろん学校の宿題はやったほうがいいです。出された宿題はやる、という常識を身につけるのは大切です。

ただ、この時期にはすでに、やるかやらないかを自分で決めることで「責任」を取る準備ができていきます。

お母さんが、「宿題やったの?!　早くやっちゃいなさい！」、「夜になるとテレビ見ちゃうんだから、今のうちにやっときなさい！」と言っている間は、子どもが決めることはできません。

自分が決めていないことに対して責任を取らされるのは、誰にでも釈然《しゃくぜん》としない気持ちが生まれるものです。

「お母さんの言うとおり勉強したのに、テストの点が下がったし！」

「お母さんがテストに出るって言うからやったのに出なかったじゃん！」

こうした言葉（文句）は、子どもが自分でやることを決めずに、親が決めたことをやらされたために生まれた不満です。

子どもが「責任」を取るには、子どもが「決める」ことが必要なのです。

もし子どもが自分でやることを決めていれば、「ちゃんと勉強したのに、テストの点が下がったし！」と言われても、「そっかぁ……。一生懸命勉強していたのを知っているから、お母さんも残念だなぁ……」と、子どもの気持ちに共感できますし、やっても報《むく》われなかった気持ちをわかってあげられます。

子どもが結果の責任を取ったうえで、お母さんも子どもの気持ちを受け入れることができるのです。

次に手放すのは「考える」という段階です。

子どもが自分で考え、なにをやるか、もしくは、やるか否かそのものを決めて、実行します。

考える（子ども）→決める（子ども）→やる（子ども）→責任を取る（親）

勉強に関して言えば、もう学校から出された宿題だけではなく、自主的に考えて勉強しはじめる時期です。

たとえば、受験勉強や、自分の興味に合わせた学習がそれにあたります。

能力的・社会的に無理なこと（金銭的なこと、法律に関わることなど）以外は、子どもに考えさせ、決めさせ、行動させましょう。

「あなたは漢字が苦手なんだから、まずは漢字を覚えなきゃ」

「運動部に入ったらヘトヘトに疲れて勉強なんてできなくなるんだから、文化部にしなさい」

このように親がなにをさせるのか考えてしまうのはあまり賛成できません。学習や生活のプランは子どもが自分自身で考える時期なのです。

部活で疲れて勉強ができなければ、それもひとつの学びです。そこで部活をやめるか、勉強することをあと回しにしてでも、部活に生きるかは人生の選択になります。

「テニス部の練習がキツくって全然勉強できなかったけど、テニスをやってよかった」

このように思ってくれたほうが、大人になってからも充実した学校生活を送ったという思い出が残ります。

そして、最後に手放すのは「責任」です。

考える（子ども）→決める（子ども）→やる（子ども）→責任を取る（子ども）

親にとって「責任」を手放すのがもっとも難しいものです。

「その学校を受験して、落ちたらどうするの？」

「レベルの低い高校じゃあ、将来やりたいことができたときに、できなくなるかもしれないんだよ」

親は起こるかどうかもわからないことを心配し、つい不安を口にしたりします。

それは、子どもに降りかかる大きな困難を見ていられない、ちょっとでも負担を小さくしたい、という親心から生まれる言葉です。

こうした気持ちはわからないでもないですが、先回りばかりしてしまうと、子どもは成長の機会を失ってしまいます。

「ママに無理矢理漢字をやらされたから、よけいに漢字がきらいになった」

これはよく聞く子どものセリフです。漢字が苦手な責任を親になすりつけています。

同じように漢字ぎらいだったとしても、「僕、小さなころから漢字がきらいだったから全然やらなかったんだよね〜。だから、漢字は今でも苦手なんだ」というほうが、ずっとスッキリしていると思いませんか。

思春期は自己形成の時期であり、内面がもっとも成長するタイミングのひとつです。

そして、社会に出るための練習をする時期。

社会的に保護されている学生の間に、自分で考え、自分で決め、自分で行動し、自分で責任を取る。

この練習をして、社会に出るのです。

ですから、思春期に親はこれらすべてを手放すことが大切です。

心配するより信頼しよう

最後に、私の好きな言葉をひとつご紹介したいと思います。

「心配するより信頼しよう」

私が子どもに関わるときに、いつも頭に置いている言葉です。

子どもの成績がいつまでも上がらないとき、何回教えても理解できないとき、勉強に興味も関心も持ってくれないとき、これから先のことを考えると心配になります。

「いつになったら勉強するようになるのか？」
「こんな状態で大丈夫だろうか？」
「いつまでこれが続くんだろう？」

長い間改善されないと、心配が心配を呼んで、さらに不安になります。

「このままじゃダメだ！　なんとかしなきゃ大変なことになる」
「手遅れにならないうちに、早くなんとかしなきゃ！」

普段、講演会や個別相談では、「たかが勉強。テストの点がちょっとくらい悪くたって、立派な大人になっている人はたくさんいます」なんて言ってはいますが、目の前の子どもがちっともよくなっていかなかったら、やっぱり心配になります。

「字は汚いし、漢字は書けないし、文章も読まないし。一体、どうしたらいいんだろう」

「嫌なこと（勉強）から逃げてばかりいたら、社会に出てから大丈夫だろうか……」

心配の渦《うず》に巻き込まれてしまうと、考えが悪いほうへどんどん進んでいきます。

こんなとき、「心配するより信頼しよう」と自分に言い聞かせるのです。

冷静に考えれば、起こってもいないことや起こるかどうかわからないことに対して過度に心配しても意味がありません。

子どもからしてみれば、身近な大人にずっと心配ばかりされていたら、なにも悪くなくても不安になってしまいます。

子どものことを考えるあまり、心配や不安を抱いてしまいますが、かえってその心配が子どもの状態を悪くしていることがあります。

子どもを信頼し、思いきって心配を手放すことで事態が好転することもあるのです。

昨年の夏ごろ、小学６年生の勝也《かつや》くんのことで相談をお受けしました。

受験生の夏にもかかわらず全然勉強しない勝也くんに、ご両親は多くの心配や不安を抱いていました。

ご両親と勝也くん、私の４人でお話をしたとき、ご両親のそんな気持ちがあふれ出てきました。

「このままじゃ、志望校なんて絶対に受かりません」

「中学受験をあきらめるならそれでもいいんです。でも、嫌なことがあったら逃げてばかりじゃ、この先が心配で……」

「このままじゃ、将来就職しても嫌になったらやめてしまって、結局なにも続かないと思うんです」

これらは、絶対にそうならないとは言い切れませんが、冷静に考えれば、そうなってしまう可能性は低いです。

そもそも、そんな起こってもいないことの心配をしたところでなんの役にも立ちません。

そんな話を聞かされる勝也くんからしてみたら、決して気持ちのいいものではありません。

「そんなわけないし」と冷ややかな目で不機嫌そうに座っています。

心配は反発や疑念を生みますが、信頼は安心や意欲を生み出します。

「いろいろと息子さんのことを心配される気持ちはわかりますが、一度信頼してみませんか」

「半年後、受験をするのかやめるのかはわかりませんが、いったん本人に任せてみましょう」

そうご両親にお話しして、しばらくの間、

・勉強に関してはなにも言わず、受験は本人の意思に任せる

・心配や不安を勝也くんに向かって口にしない

この２つをお願いしました。

すると、２～３週間後に変化があらわれました。

「やっぱり受験してもいい？」と勝也くんから言ってきたそうです。

「お母さんとお父さんはあなたに任せたから、したいと思ったらすればいいし、したくなかったら無理にしなくてもいいよ」と答えると、「……やっぱりする」という返事でした。

もう夏休みも終わるころになり、ようやく真剣に受験勉強に取り組みはじめ、受験を迎える２月までやり切りました。

とは言え、夏休みに勉強を休んでしまった穴は大きく、当初第一志望に考えていた学校のレベルまでは追いつけず、ひとつランクを下げた学校を受験して合格しました。

それでも勝也くんは満足したようで、「やった！　やった!!」と、とても喜んでいました。

私にも電話で「合格しました！　これで安心しました！」と元気な声で報告をして

くれました。

自分で考えて、自分で決めて、自分でやった結果、自分で責任を取ったのです。

親御さんにも、信頼すると決めた夏休みから受験までをふり返ってもらいました。

「つい言いたくなる気持ちを抑えるのが一番大変でした。でも、こんなにうれしそうな息子を見るのは久しぶりです。この笑顔を見られただけで満足です」と、お母さん。

「ここまでやれるとは、正直思いませんでした。夏休みの間はどうなることかと思いましたが、一皮むけて成長した感じがします」と、お父さん。

勝也くんは「別に、なにも……」と特別変わったことはなさそうでしたが、夏の話し合いのときのようなとげとげしい雰囲気はなくなっていました。

受験が終わったあと、お母さんは、「もっと早くから信頼して任せていればよかったのかもしれません」とおっしゃっていました。

本当は任せたかったけれども、安心して任せるにはほど遠い状態の勝也くんを見せられると、心配や不安が頭に浮かんできて任せられなかったのでしょう。

しかし、安心できる結果があるから信頼するのではなくて、安心はできないけれど思い切って信頼してみたら結果がついてきた、ということはたくさんあります。

勉強に関して、特に受験が絡《から》んでくると、心配や不安に駆《か》り立てられることがあるかもしれません。

そんなときは、「心配するより信頼しよう」と心に言い聞かせてください。

「もし完全にお子さんを信頼したとしたら、どんな態度を見せてくれるだろう？」と考えてみてください。

それが、すべてうまく行きはじめるきっかけになるかもしれません。

おわりに

「理解は早いほうだが、学習態度にむらがあり、周りに気を取られてぼんやりしていることがある。工作や読書などを通じて、ひとつのことにじっくりと取り組んで、やり切る集中力を養いたい」（小学1年生）

「授業中に私語があり、他人の邪魔をすることが多い。算数の力はあるので、落ち着いて学習させたい。学習中に手を挙げて発表することが楽しくなってきたようだが、まだ話をじっくり聞けないので、根気強く指導したい」（小学2年生）

「話の内容をよく聞き取ることができた。ノートを開く、えんぴつを持つ、書き込むなどの動作のひとつひとつに時間がかかった。素早くするとよい」（小学3年生）

「絵を描くとき時間がかかりすぎた。しかし、『楽しかったこと』では、下絵から完成まで短時間でできた」（小学4年生）

「そのときの学習に対する意気込みで、能率の上がるときとそうでないときがある。根気よく勉強することが課題である」（小学5年生）

「決められたことをするだけに終わっている。学力は十分にあるだけに、自分でできるだけの努力を払うことを身につけさせたい」（小学6年生）

これらはすべて、私の小学校の通知表に書かれていた担任の先生からのコメントです。要するに、落ち着きがなく、行動が遅く、根気や集中力がなく、努力をしない。しかも、他人の邪魔をする困った子です。

ふり返ってみると、クラスの友達とよくケンカをしていました。

しかし、体も小さく力も弱かったので、ほとんど負けていたように思います。

学校の窓ガラスを割ったり、非常ベルを鳴らしたりして怒られた覚えもあります。

幼稚園のときは途中で抜け出して迷子になり、警察に保護してもらいました。

そんな子が中学生・高校生になると、通知表のコメントはこんなふうになりました。

「大変活発で楽しく学校生活を過ごしてきました。勉強に集中できるように努力しましょう。３学期、遅刻がやや多くなりました。気をつけましょう」（中学1年生）

「ルーズな面が目立つ。要領よく苦労せずにすり抜けようとするところを直さないと、せっかくの能力を生かせない」（高校1年生）

「進学について、なんとかなると考えてはいませんか。気持ちがゆるんでいます。自分にもっと厳しくして、この一年、がんばること。特に英語に力を入れること」（高校2年生）

いやぁ〜……。

先生の願いもむなしく、まったく改善されていません（笑）

むしろ、知恵をつけた分、ずる賢くなっている感じがするのは気のせいでしょうか。

私の両親はこの通知表を見てどんな気持ちでいたのだろうか、と考えると、今さらながら申し訳なく思います。

こんな子が、どれほど勉強ができなかったかは、本文に書いたとおりです。

しかし、まさかこの子が将来勉強を教える立場になるとは誰も想像しなかったでしょう。

何百人の前で講演会をして話をするなんて、まったく予想できないことだったと思います。

教育に関する本を書くなんて誰ひとり考えもつかなかったでしょう。

その本が海外で翻訳され出版されるなんて、私だって思いもよらなかったことです。

私は仕事柄いろんな子の通知表を見ますが、ほとんどの子は私よりもいい成績を取っています。

私よりひどい通知表にはなかなかお目にかかったことがありません。

だから、いつも思うんです。

「大丈夫。この子は少なくとも私よりは上に行ける」

当たり前かもしれませんが、通知表に子どものすべてが映し出されるわけではありません。

通知表によって、子どもの未来が決まるわけでもありません。

成績のいい子が成功して、悪い子が失敗するわけでもありません。

もちろん、学校での勉強、学校での活動は大切ですが、学生の期間よりも学校を卒業してからの期間のほうがずっと長いのです。

卒業後の長い期間で活かせるような力を小中学校の間につけさせてあげたい、というのが私の願いです。

目の前の成績、目前に迫った受験、日々のテストの点数。

そういったものばかりに気持ちを奪われてしまうと、本当に大事なものが見えなくなってしまいませんか。

テストで何点を取ったかよりも、どれだけ努力したかのほうがずっと価値があると思いませんか。

通知表の点数がいい悪いよりも、勉強を、学ぶことを楽しめているかどうかのほうがずっと重要だと思うのです。

勉強ができるかどうかよりも、新しいことを知ったり、わからないことを学んだり、できないことを考えたりすることに興味を持てているかどうかのほうがずっと大切です。

それを伝えたくて、この本を書きました。

この本が少しでもあなたとあなたのお子さんのお力になれればうれしいです。あなたのお子さんが勉強好きになり、学ぶことに興味があふれることを願っています。

この本を手に取り、最後まで読んでくださってありがとうございました。

私が今、学びたいことを学び、興味のあることを好きなだけ勉強できているのは、妻・和子の理解と協力があるから。

私を勉強好きにしてくれているのは、間違いなく妻です。

カズ、いつもありがとねっ。

山村真理子さん、大石陵子さん、檜木美香さん、松坂美紀さん、渡辺照子さん、藤沢さつきさん、橋永隆行さん、荒川茂樹さん、下平哲也さん、太田博伯さん、みなさんといろんな話をしてたくさんの意見やアイデアをいただきながら頭のなかを整理して書くことができました。

ありがとうございました。

美里《みさと》ちゃん、理香子《りかこ》ちゃん、梓《あずさ》さん、奈名子《ななこ》ちゃん、渉莉《しょうり》くん、侑正《ゆうせい》くん、昇太郎《しょうたろう》くん、ネオくん、隆也《たかや》くん、みんなと楽しく勉強することがいつも私の原動力になっています。

ありがとう。

今回、この本の企画や構成、出版社さんへのプレゼン、内容のアイデア出し、編集、タイトル、もろもろすべてをやってくださった有園智美さん。

有園さんなしにはこの本は決してできあがりませんでした。

本当にありがとうございました。

平成27年　4月吉日

大塚隆司《おおつかたかし》

【読者限定プレゼント】

本書に書ききれなかった
『勉強ぎらいがこんなに変わる！　教え方のコツ』

読者限定プレゼント『勉強ぎらいがこんなに変わる！　教え方のコツ』のＰＤＦデータを、本を読んでくれた方にプレゼントいたします。


ご希望の方は、下記のＵＲＬからお申込みいただけます。

ぜひ、ご活用ください！

http://www.o-takashi.com/campaign2015/dokusya.html

【著者からのメッセージ】

このたびは本書をお読みいただきまして、ありがとうございました。

今回、ぜひ読者の方に限定プレゼントをさせていただきたいと思っています。

というのも、本書のために書いた原稿で、諸々の事情のためカットせざるをえなかった原稿がまだまだあるのです。

この原稿たちをこのままお蔵入りしてしまうのは、非常にもったいない！


「もっと他の方法も知りたい！」

「実際の子どもの事例をもっと読みたい！」

という方は、上記ＵＲＬから読者限定プレゼントをダウンロードしてお読み下さい。

勉強ぎらいな子に今からやってあげられること、勉強好きにするためにできることはい〜っぱいあるのです。

ぜひ、あなたのお子さんに活かして下さい。

著者略歴

一般社団法人不登校をなくす会代表理事。

一般財団法人日本キッズコーチング協会 認定講師。

公益財団法人 日本生涯学習協議会（所管：内閣府）監修「教える力」認定講師。

１９６９年、愛知県名古屋市生まれ。大阪教育大学教育学部卒業。食品会社営業職を経て、学習塾に転職。約10年教室長として勤務し、１０００組以上の親子と関わる。

現在、昼は「思春期の専門家」として親向けの講演会、学校や塾の先生対象セミナーを年間１００回ほど行い、夜は「やる気スイッチマン」として子どものやる気スイッチを入れる家庭教師をしている。

著書には『思春期の子が待っている親のひと言』『マンガでわかる！思春期の子をやる気にさせる親のひと言』（以上、総合法令出版）などがある。

大塚隆司公式ウェブサイト
http://www.o-takashi.com

自分《じぶん》から勉強《べんきょう》する子《こ》の親《おや》がしていること

――１０００人《にん》の「勉強《べんきょう》ぎらい」がこんなに変《か》わった！

二〇一五年四月一〇日 第一刷発行

著者 大塚隆司《おおつかたかし》
発行者 古屋信吾
発行所 株式会社さくら舎 http://www.sakurasha.com
東京都千代田区富士見一-二-一一 〒一〇二-〇〇七一
電話 営業 〇三-五二一一-六五三三 FAX 〇三-五二一一-六四八一
編集 〇三-五二一一-六四八〇 振替 〇〇一九〇-八-四〇二〇六〇
装丁・本文デザイン 後藤美奈子（MARTY inc.）
イラスト 八木美枝
編集協力 有園智美（Simpledot）
印刷・製本 中央精版印刷株式会社

ISBN978-4-86581-009-7